図解でわかる 発達障害

図解

広瀬由紀 編著

中央法規

はじめに

　発達障害という言葉は、この20年で急速に広がり、多くの人にとって「聞いたことがある」ものとなっています。2022（令和4）年12月、文部科学省が小中学校の通常学級にいる担任の先生を対象に、発達障害の可能性のある児童生徒の割合について調査した結果、10年前の6.5%から2.3ポイント増えて8.8%となったと発表されました。この急激な増加の要因は、単に発達障害の児童生徒の増加として語られるのではなく、発達障害に対する認知度が上がったことも含めてさまざまな角度から考えられています。

　一方、「発達障害とは何か」「発達障害のある人たちは何に困っているのだろう」と問われたときに、回答に窮してしまう、もしくは「知的に遅れている人（＝知的障害）」「一人でいるのが好きな人（→障害ゆえに好きというわけではありません）」など発達障害の特性とは異なるイメージを回答する方が一定数いることも、この障害を取り巻く実状ではないかと感じます。私は、周囲の人たちの「何となく知っている」現状が、悪意なく当事者や家族を苦しめていることがないだろうか……とふと思うときがあります。また、発達障害に関連するたくさんの言葉が、彼らを支えたいと思う人たちの迷いや惑いにつながってしまうことがないだろうか……などと感じるときもあります。

　本書は、医療、心理、福祉、教育それぞれの領域を専門とされている方々に、発達障害にかかわって耳にする用語とともに、当事者や家族がこの社会を生きるうえで抱える難しさを丁寧に解説しています。また本書は、用語を解説するだけではなく、「発達障害のある子どもや人とかかわるときに何が大切なのか」という問いにもそれぞれの立場から明確に答えています。

本書の前提には、障害そのものに対するとらえ方があります。現在、障害は個人のみに起因するもの（＝個人モデル）ではなく、環境や社会との相互作用によるもの（＝社会モデル）で考えられています。社会モデルによる考え方では、障害等の診断が個人にあるかないかではなく、社会等のコミュニティへの参加がより重視されるとともに周囲の環境のあり方が重要であるとされます。さらにその「参加」は、「今ある（多数派にとって有利な）社会に適応する」という意味だけでなく「多様な人たちが、その人らしく過ごせる社会を希求する」ことも含めて考えていく必要があります。

　本書はこれらの視点を随所に散りばめ、発達障害のある子どもや人を支えたい人々の思いを応援すると同時に、彼らと共にあるためにどのように受け止め支援していくかの具体的な方向性を照らしてくれるものです。手に取ってくださった方が、「あっ、そうなのね」などと納得したり理解を深めたり、「今の方向性のままでもう少しかかわってみよう」などと自分を振り返ったりする機会となれば大変うれしく思います。

　最後になりますが、本書の趣旨に賛同しご執筆いただいた先生方に心より感謝申し上げます。どの先生方も私にとっては憧れの存在ですが、快く引き受けてくださり、思いのこもった原稿をご執筆くださいました。また、本書の企画に声をかけてくださり、発刊まで丁寧に寄り添っていただいた中央法規出版の矢﨑淳美様、平林敦史様には心より御礼申し上げます。たくさんの方々に支えられていることを実感しつつ。

2024年2月

広瀬由紀

図解でわかる発達障害　目次

はじめに

第 1 章　発達障害とは?

第 2 章　発達障害の症状とかかわり

第 **3** 章　発達障害を取り巻くさまざまな事情

第 **4** 章 さまざまな視点による支援

第 **5** 章 ライフステージに応じた
支援制度

第 6 章　家族ともつながり合うために

第 7 章　発達障害のある人への支援事例

発達障害とは？

01

発達障害とは？

▶ 発達障害とは

　私たちは、生まれた直後はそう多くのことはできませんが、幼少期から長い時間をかけて、よりよく身体を動かしたり、他人とかかわったり、日々さまざまな課題に対応するための力を獲得していきます。

　しかし、発達障害のある人は、**生まれつき脳の働きが一般的な人とは異なる部分がある**ため、特有の外の世界の感じ方（見え方や聞こえ方など）をしていたり、一部の発達が極端に偏っていたりすることがあります。そのため、**多数派の人が生活しやすいように設計された社会環境との間でギャップが生じやすく**、さまざまな場面で「生活しづらい」と感じている人がいます。

▶ 発達障害のある人の割合と種類

　発達障害のある人やその可能性のある人の割合は全人口の１割弱ともいわれており、例えば小・中学校をイメージすれば、30人学級１クラスに２人から３人はいることになります。国際的な診断基準であるDSM-5では、代表的な自閉スペクトラム症（ASD）、注意欠如・多動症（ADHD）、限局性学習症（SLD）をはじめとして、発達性協調運動症（DCD）、チック症、トゥレット症、吃音などがあります。ただし、**同じ診断名がついたとしても、個人差が大きい**点に注意が必要です。また、一つの障害だけではなく、例えば「私は自閉スペクトラム症に加えて注意欠如・多動症もある」など、複数の障害をもっている人もいます。

第1章　発達障害とは？

第2章　発達障害の症状とかかわり

第3章　発達障害を取り巻くさまざまな事情

第4章　さまざまな視点による支援

第5章　ライフステージに応じた支援制度

第6章　家族ともつながり合うために

第7章　発達障害のある人への支援事例

発達障害のある人の生活のしづらさ

- 外の世界の独特な感じ方（見え方、聞こえ方など）
- 一部の能力に極端な偏りや凸凹がある

人との
かかわり方

学習の
仕方

身の回りの
管理の仕方

etc.

発達障害のある人

ギャップ

多数派が生活しやすいことを
前提に作られた地域社会

発達障害の種類

自閉スペクトラム症
（Autism Spectrum Disorder：ASD）

・他人の表情や場の雰囲気を理解することが苦手
・他者とのかかわり、コミュニケーションがとりにくい
・生活の中でのこだわりがある、同じ行動を繰り返してしまう

注意欠如・多動症
（Attention-Deficit Hyperactivity Disorder：ADHD）

・多動（多弁含む）でじっとしていられない
・目の前のことにすぐ反応してしまう衝動性がある
・集中しにくい、忘れやすい

限局性学習症
（Specific Learning Disorder：SLD）

全体的な知的能力は平均以上である一方、「読む」「書く」「計算する」「推論する」など特定の能力の取得と活用に困難がある

発達性協調運動症
（Developmental Coordination Disorder：DCD）

・身体の動かし方がぎこちなかったり、不器用である
・道具の操作が苦手（楽器や絵画など含む）

チック症、トゥレット症
（Tic Disorders、Tourette Disorder）

・まばたきや手足の動き（運動チック）、咳払いや発声（音声チック）などが本人の意思と関係なく反復的に繰り返されてしまう
・トゥレット症の場合、運動チックと音声チックが併発しており、かつ状態が継続的に続いている

吃音
（Stuttering）

話したい言葉の一部が繰り返されたり、言葉がつっかえたりして、話しづらさがある

02

発達障害の現状

■ 社会的に認められるようになったのは2000年代以降

　身体障害などに比べて、発達障害は外から見るとその有無がわかりにくいものです。そのため、かつては一般の人にとっても馴染みが薄い障害でした。日本で発達障害が広く認知されるようになったのは2000（平成12）年以降のことです。

　福祉の分野では2005（平成17）年に発達障害者支援法の施行、教育の分野では2007（平成19）年に学校教育法の改正により特別支援教育が法定化されたことによって、**発達障害のある人に対する支援が公的な責任で展開**されるようになりました。また、メディアの影響は大きく、例えば発達障害のある人をテーマにしたドキュメンタリーやドラマなどが2000（平成12）年以降に多く取り上げられたことで、今では多くの人が発達障害の存在を知るようになりました。書籍およびYouTubeなどのSNS上では、発達障害のある当事者でなければわからないような「特有の感じ方や行動の特性」を、当事者自身が発信することも増え、以前に比べれば、より身近な障害として認識される世の中になっていると考えられます。

■ 支援の拡充

　2005（平成17）年に発達障害者支援法が施行されたことにより、**都道府県や指定都市に発達障害者支援センターが設置**されるようになりました。発達障害児・者への総合的な支援を目的としており、日常生活に関する相談支援に加えて、発達支援や就労支援、地域に対する普及啓発活動などを行っています。

第1章 発達障害とは？

第2章 発達障害の症状とかかわり

第3章 発達障害を取り巻くさまざまな事情

第4章 さまざまな視点による支援

第5章 ライフステージに応じた支援制度

第6章 家族ともつながり合うために

第7章 発達障害のある人への支援事例

発達障害を取り巻く状況の変化

メディアでの紹介・登場

SNS等での当事者による発信

～2000年

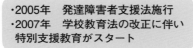

・2005年　発達障害者支援法施行
・2007年　学校教育法の改正に伴い特別支援教育がスタート

現在

発達障害支援センターの取り組み

総合的な機関として

相談支援

発達支援

就労支援

普及啓発

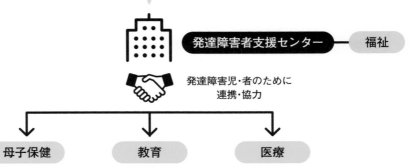

発達障害者支援センター ── 福祉

発達障害児・者のために
連携・協力

母子保健　　教育　　医療

03

発達障害の原因と診断

■ 生まれつき脳の一部に機能的な問題がある

かつて、親の育て方・子育ての仕方の悪さが発達障害の原因であるという見方があり、この誤解が長きにわたって保護者を苦しませていました。

しかし、その後、医学や心理学、あるいは、例えば脳画像技術などの進歩に伴い、発達障害は**脳の機能障害**が原因であり、一部には遺伝的な影響が強いことも明らかとなりました。例えば ADHD では、ドーパミンという神経伝達物質にかかわる脳内の機能が低下し、脳の前頭前野等の領域に異常が生じると想定されています。ただし、そうした脳内の問題が生じるメカニズムについては、「複数の遺伝的な要因」あるいは「遺伝的要因と環境要因との関係性」などが指摘されていますが、まだ十分に明らかになっていないものもあります。

■ 出現している症状をベースに医師が診断

発達障害の診断は、成育歴、過去・現在の成育環境、家族の状態などを含めて、生活の中で認められる症状とその出現・変化のプロセスを、対象とされる本人や保護者等から医師がしっかりと聞き取ることによって行われます。

その際、**世界保健機関（WHO）による国際疾病分類の ICD-11 やアメリカ精神医学会による診断・統計マニュアルの DSM-5**などの国際的な基準に沿うことで、医師（病院）あるいは各地域・国によって診断結果が異なることがないよう配慮されています。

脳のはたらき

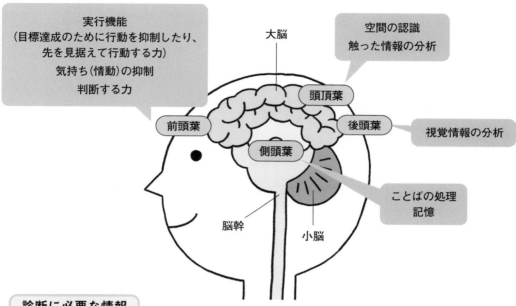

実行機能
（目標達成のために行動を抑制したり、
先を見据えて行動する力）
気持ち（情動）の抑制
判断する力

大脳

空間の認識
触った情報の分析

頭頂葉

前頭葉

後頭葉

視覚情報の分析

側頭葉

脳幹

小脳

ことばの処理
記憶

診断に必要な情報

症状

プロセス

成育歴

成育環境

家族の状態

04

自閉スペクトラム症 （ASD）

■ 周囲のヒトやモノとの関係づくりが難しい

　自閉スペクトラム症（ASD）は、他人と社会的な関係をつくることの問題やこだわりの強さがあるため、**周囲のヒトやモノとの関係づくりが難しい障害**です。

　人との関係では、生後より、人と目が合わない、相手と同じものを共有できない、身振りや言葉などのコミュニケーションの手段が限られていることがあります。「心の理論」といわれる、相手の気持ちや考えを推測し、理解する力の難しさを抱えていますが、そもそも気持ちを考えるために必要な情報（表情、雰囲気など）の取捨選択に制限があります。

　行動面では、同じ動きを繰り返したり、好き嫌いが極端であったりします。特定の音や光が強く感じとられてしまうなどの感覚の過敏さもあり、生活上の配慮が一層求められます。

■ ASDの症状はスペクトラム（連続体）である

　かつて ASD には広汎性発達障害という診断名がついていました。しかし、DSM-5から、ASD という名称に変わり、スペクトラム（連続体）という言葉が診断名につくようになりました。これは、**ASD のある人の症状は多様であり、またその強さ（濃さ）は障害のない人を含めて限りなく連続している**、という最新の科学的理解に基づくものです。

　診断名・診断基準の変更は2013年に行われましたので、それ以前に診断を受けた方は別の診断名がついている可能性に気をつけましょう。

自閉スペクトラム症（ASD）　図

第
1
章
発達障害
とは？

第 2 章　発達障害の症状と
　　　　かかわり

第 3 章　発達障害を取り巻く
　　　　さまざまな事情

第 4 章　さまざまな視点
　　　　による支援

第 5 章　ライフステージに
　　　　応じた支援制度

第 6 章　家族とも
　　　　つながり合うために

第 7 章　発達障害のある人への
　　　　支援事例

ASDの特徴

社会的コミュニケーション上の問題

限られた
コミュニケーション
の手段

他者と関係を
つくることの
難しさ

目を合わせて
くれない…

こだわり、繰り返される同じ行動

感覚の異常
（鋭敏or鈍感）

こだわり
行動

あっちの道
じゃないと
やだ！

診断名の変更

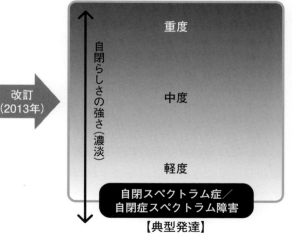

DSM-IV（TR）

自閉症障害

アスペルガー
障害

特定不能の
広汎性発達障害

など

広汎性発達障害

【典型発達】

改訂
（2013年）

DSM-5

自閉らしさの強さ（濃淡）

重度

中度

軽度

自閉スペクトラム症／
自閉症スペクトラム障害

【典型発達】

出典：真鍋健「第10章　発達障害とは」小山義徳編著、岩田美保・大芦治ら共著『基礎からまなぶ教育心理学』サイエンス社、
　　　P.197、2018を一部改変

05

注意欠如・多動症（ADHD）

▶ 2つの症状をもとに診断される

　ADHDという言葉は、Attention（注意）、Deficit（欠如）、Hyperactivity（多動）、Disorder（症）という言葉の頭文字をとってできています。DSM-5上、①不注意、②多動性－衝動性という2つの症状のいずれかまたは両方が、12歳以前に表れており、家庭や学校、職場など、異なる場面を通して確認される場合に、この障害の診断を受けることになります。小児期の有病率は5％程度で、全体的には男性に多いです。

▶ 不注意は気づかれにくいため注意が必要

　「多動性－衝動性」については、身体の動きが抑えられないだけでなく、多弁（しゃべりすぎる）という場合もあります。幼児期・学齢期より、教室でじっとしていられず注意叱責を多く受けますが、行動が目立つために支援につながりやすく、継続的な行動的支援や投薬によるコントロールなどがうまくいった場合、青年期・成人期の予後はよいといわれています。

　一方、女性にも多いといわれている「不注意」の、気が散りやすい、多くのことが記憶できないなどの症状は、その程度は年代を問わずあまり変わりません。他人の行動を邪魔したり干渉することが少ないために気づかれにくく、**成人して、仕事や家庭内の調整がうまくできないことをきっかけに明らかになる場合があります。**この場合にはうつ病などの併存症を併発していることもあるため、注意が必要です。

第1章　発達障害とは？

第2章　発達障害の症状とかかわり

第3章　発達障害を取り巻くさまざまな事情

第4章　さまざまな視点による支援

第5章　ライフステージに応じた支援制度

第6章　家族ともつながり合うために

第7章　発達障害のある人への支援事例

ADHDの2つの特徴

多動性—衝動性

授業中じっとしていられない

目の前の刺激にすぐに反応

両方の特徴を持つもの

不注意

細かいミスが多い

授業中、仕事中いつも上の空

予定や頼まれ事をすぐ忘れる

二次障害への発展

不注意

⇒気づかれにくい
仕事や家事がうまくいかないなど
成人期にまで課題が続くことも

多動性—衝動性

⇒気づかれやすい一方、
強い注意・叱責を受けることも

叱られるサイクル

じっとしていられない　ぼーっとしている

→

注意を受ける　怒られる

↓

ますます落ち着いていられない

←

余計に行動が荒くなる

↑

もっとひどく怒られる

二次障害への発展

⇒

抑うつ

強い反抗、暴力

自己肯定感の低下

不登校

06

限局性学習症
(SLD)

発達凸凹という状態

　私たちはみな、大なり小なり、得意なことと不得意なことの両方をもっています。しかし、限局性学習症（SLD）のある人は、この得意－不得意の差（発達凸凹あるいは個人内差）が非常に大きく、学習や日々の生活に支障をきたしています。

　SLDの「S」にはSpecific、つまり「特定の」という意味があり、全体的な知的発達の遅れがないにもかかわらず、特定の学習領域のみが遅れていることを表しています。診断の基準として、特定の領域とは**読字障害（ディスレクシア）**、**書字障害（ディスグラフィア）**、**算数障害（ディスカリキュア）**の3つに分けられます。

能力の凸凹が生じるわけ

　読むことも、書くことも、そして数を認識して計算を行うことも、多くの細かな能力や心理プロセスに支えられています。例えば、文章を読むためには、見なくてもいい視覚情報をぼかして見るべき文字に集中し（注意）、眼球を動かしながら一文字一文字をとらえ（視覚認知）、それらを音に変えて（音韻変換）、自分の知識や過去の記憶と照合しながら意味をつかんでいきます。注意や視覚認知等の機能を担っている脳の担当箇所が、フル活動しているというわけです。

　SLDのある方の場合、脳の特定の箇所が機能不全をきたしているために、その担当箇所に応じた問題が生じます。

第1章 発達障害とは？

第2章 発達障害の症状とかかわり

第3章 発達障害を取り巻くさまざまな事情

第4章 さまざまな視点による支援

第5章 ライフステージに応じた支援制度

第6章 家族ともつながり合うために

第7章 発達障害のある人への支援事例

3つの領域

読字障害 （ディスレクシア）	・文字がよく見えない ・文章を読むのに時間がかかる ・文章の内容を理解できない（読めても意味がわからない） ・鏡文字（左右が逆）に見えてしまう
書字障害 （ディスグラフィア）	・文字の形を思い出せない ・似ている形の文字を間違える ・拗音「きゃ、にゅ」、促音「っ」、長音「ー」などの特殊音節が書けない ・左右上下、バランスよく文字が書けない
算数障害 （ディスカリキュア）	・量の感覚に乏しい ・計算に時間がかかる ・九九が覚えられない ・計算ができても、文章問題になるととたんにできなくなる

読むことが困難になる仕組み

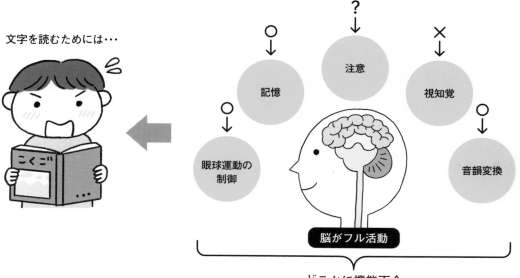

文字を読むためには・・・

記憶　○

注意　?

視知覚　×

眼球運動の制御　○

音韻変換　○

脳がフル活動

どこかに機能不全
「読めない」ことの背景は一人ひとり異なる

07

発達性協調運動症 （DCD）

▶ いわゆる「不器用」

　発達性協調運動症（DCD）という言葉は、あまり聞き馴染みのない方も多いかもしれませんが、ここ10年の間に認知度が高まってきた障害です。

　この障害は、手や足など、身体の複数個所を調整しながら、同時に動かしていく協調運動が難しいため、ぎこちない動きになってしまい、何か物を作ったり、操作することにも支障がでます。いわゆる「不器用」と昔では言われていた人が、この診断名の対象となります。

　幼児期には、走り方がぎこちないとか、ハサミで紙をうまく切れないという形で、学童期以降では、鉛筆や消しゴムをうまく使えないとか、体育や図工、そして音楽での楽器演奏が苦手という形で明らかになります。ADHDやASDなど、ほかの発達障害と併存することも多い障害です。

▶ 自己肯定感の低下をどう防ぐか

　DCDのある人が示す不器用さは、**身体の問題にとどまらず、精神的なつらさにつながりうるもの**です。特に小学校や中学校での体育や図工、音楽などは、自分がうまくできないことを人前でさらされたり、比較されてしまう機会となってしまいます。

　同級生から笑われたり、からかわれてしまうことが続き、自分のことを認める自己肯定感が低くなり、不登校につながることもあります。

第1章 発達障害とは？

第2章 発達障害の症状とかかわり

第3章 発達障害を取り巻くさまざまな事情

第4章 さまざまな視点による支援

第5章 ライフステージに応じた支援制度

第6章 家族ともつながり合うために

第7章 発達障害のある人の支援事例

協調運動の難しさ

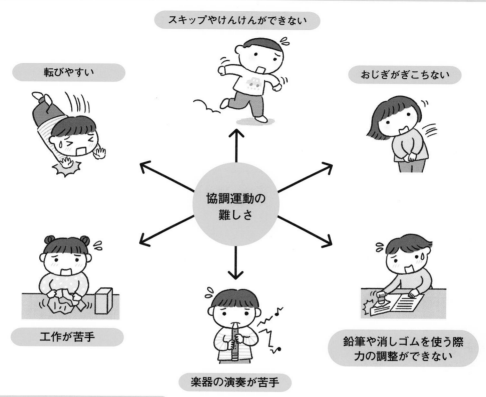

スキップやけんけんができない

転びやすい

おじぎがぎこちない

協調運動の難しさ

工作が苦手

楽器の演奏が苦手

鉛筆や消しゴムを使う際 力の調整ができない

自己肯定感の低下への連鎖

どうせ僕なんて…

不器用さを示す

周りからの嘲笑

不安傾向の高まり 自己肯定感の低下

08 チック症・トゥレット症

自分でコントロールできないチック症状

チックとは自分の意思で止めることが非常に難しい、素早い身体の動きや音声の表出です。脳の異常により筋肉が勝手に収縮し、無意識に出てしまうため、止めることが難しい行動です。

動作の種類としては、咳払いをしたり、「うっうっ」などと単純な言葉を繰り返す**音声チック**、まばたきや首振りをするなどの**運動チック**の2つがあります。また、チックの持続時間や複雑さによって、ほぼ瞬間的に起こり終わる**単純性チック**と、複数の身体部位が時間をかけて動く**複雑性チック**に分けられます。

トゥレット症

運動チックや音声チックは通常幼児期から学童期にかけて初めて出現しますが、症状が軽減したりなくなる方がいる一方で、思春期・成人期にかけて症状が続く方もいます。両方のチックが1年以上続いている場合には、トゥレット症として診断されます。

診断や治療にあたっては、自分の意思でコントロールしにくいチックの性質上、チックの内容に加えて、どのような生活場面で、どの程度の負担・不利益を被っているのかを確認し、支援につなげていきます。

治療としては、薬物療法のほか、チックを出したくなる気持ち（前駆衝動）に気づく練習、チック以外の手段で前駆衝動を抑える習慣を学習するハビット・リバーサルなどが展開されています。また、生活を共にする保護者の理解促進・カウンセリングも重要です。

第1章 発達障害とは？

第2章 発達障害の症状とかかわり

第3章 発達障害を取り巻くさまざまな事情

第4章 さまざまな視点による支援

第5章 ライフステージに応じた支援制度

第6章 家族ともつながり合うために

第7章 発達障害のある人への支援事例

チックの分類

単純性チック

音声チック
- ・咳払い
- ・喉の奥で「うっうっ」と鳴らす
- ・鼻をすする

- ・汚い言葉や卑猥な言葉を話す
- ・同じ言葉を繰り返し発声する

運動チック
- ・まばたき
- ・首振り
- ・顔をしかめる
- ・急に頭上を見る

- ・繰り返し表情を変える
- ・ジャンプする
- ・人に触る、においをかぐ
- ・棒を持ち押しつける

チック
＝突然の筋肉の収縮

複雑性チック

トゥレット症とは

トゥレット症 { 多彩な運動チック ＋ 音声チック } × 1年以上の継続

トゥレット症の治療

チックを出したくなる感覚

| 薬物療法 | 前駆衝動に気づく練習 | ハビット・リバーサル ※チック以外の手段を学習 |

生活を共にする者（保護者・パートナーなど）の理解・カウンセリング

ストレスや身体的負担が多いと症状が悪化するため

09

吃音

▶ 流暢に話をすることの問題

正式名称は「小児期発症流暢性症」であることからもわかるように、吃音は、スムーズに話すことができないことを中核症状とするものです。「スムーズではない」といっても、多様な症状があります。代表的なものとして、同じ音・音節を繰り返す、音の一部を引き伸ばす、言葉が出てこなくて話している途中で一定時間あいてしまうなどが挙げられます。

大人になってから心理的ストレス等を要因として発症する獲得性吃音もありますが、吃音の大多数は、言葉を獲得していく時期である幼児期・学童期に発症する発達性吃音です。

▶ 吃音がありつつ生きることを支えるための周囲の理解

私たちが生きていくためには、周囲の人との人間関係の構築・維持が欠かせません。しかし、吃音のある人が自らの症状を自覚できるようになると、周囲からの指摘や偏見に対してストレスを強く感じ、話すことに対する嫌悪感を抱いたり、言葉がすぐに出なくなる難発とよばれる状況に発展します。人とのかかわりの機会そのものを回避してしまうことがないよう、周囲の人の理解が欠かせません。

学校や職場などの環境では、吃音への理解を促すとともに、**話すことに対する負担を軽減する環境・活動の設定を行いながら、吃音のある人がホッとできる相手、場所、生活時間を確保していくことが望まれます。**

吃音の種類

連発	伸発	難発

連発：こっ、こっ、こっ、こんにちは

伸発：こーーーーーんにちは

難発：……っこんにちは／こっ……にちは

同じ音・音節のくり返し	音の引き伸ばし	音と音の間で時間があく

求められる態度や支援、環境

✕
- 話している姿をからかったり、真似したりする
- 話し方を指摘したり、修正させようとしたりする
- 人前で話す機会や量をほかの人と平等にする
- 話す時間に制限をつける
- 最後まで話すのを待たずに、途中で遮る

○
- 相手が何を話そうとしているのか、理解しようとする
- 途中で間違えても、気にせず待つ
- 人前で話す場合、ほかの人と一緒に話す
- 話さなくても済む手段を考える
- 仲のよい友達、理解のある友人に隣にいてもらう

第2章　発達障害の症状とかかわり

第3章　発達障害を取り巻くさまざまな事情

第4章　さまざまな視点による支援

第5章　ライフステージに応じた支援制度

第6章　家族ともつながり合うために

第7章　発達障害のある人への支援事例

コラム　発達障害の重複

　発達障害を扱う教科書の中では、それぞれの障害名ごとに共通する特徴（障害特性や発達特性）が書かれています。しかし、「私たちはみんな同じですか」と問われたら、「一人ひとり個性があります」と答えるのと同じように、「〇〇障害のある人はみんな同じですか」と問われても、「一人ひとり個性は違います」と答えるのはごく自然なことでしょう。

　同じ診断名がついていたとしても、症状や苦手なこと・得意なことなど、個性が異なる背景の一つに「障害の重複」があることをご存知でしょうか。第1章で取り上げた ASD、ADHD、SLD 等の障害は重なり合うことがあります。A さんは ASD とADHD の両方、B さんは ADHD と SLD、C さんは ADHD と SLD と DCD の診断をもつということも、あり得るわけです。障害の重複に関して、理解のポイントを2つ示します。

障害の重なり具合も人それぞれ

　ASD の中だけでも、社会的コミュニケーションの状況やこだわりの有無・強さは人それぞれです。そこに、さらに ADHD を重複している場合、多動性 - 衝動性あるいは不注意のどちらか（あるいはどちらも）が症状として強く出ているかによって、当事者の実態や抱えるニーズも大きく変わります。

　障害による特定の症状が顕著に出ている場合は、本人も周囲（保護者、保育者、教員など）も気づきやすいものですが、複数の発達障害の症状が微かに出ているような場合、「私（あるいは私の子ども）は ADHD でもないし、ASD にも完全には当てはまらないし……」と、腑に落ちないまま時間だけが経過してしまい、理解と支援が遅れてしまうケースもあります。

第1章 発達障害とは？

第2章 発達障害の症状とかかわり

第3章 発達障害を取り巻くさまざまな事情

第4章 さまざまな視点による支援

第5章 ライフステージに応じた支援制度

第6章 家族ともつながり合うために

第7章 発達障害のある人への支援事例

◗ **重複している場合、拠り所が減り、二次障害の可能性も高まる**

　例えば、ADHDとDCDを重複している場合を想像してください。座っている時間の長い国語や算数の授業でじっと我慢しなければならないだけでなく、体育や細かい手先の操作が求められる音楽・図工などの授業でもうまくできない姿を見られ、友達と比較されてしまうかもしれません。私たちは得意なこと、楽しいこと、ホッとしていられることが少しでもあるからこそ、そういった拠り所を安全基地にしながら、困った状況をどうにか乗り越えられます。しかし、障害が重複するとそれすら難しくなります。この日々の積み重ねが、不登校や精神疾患などの二次障害につながるリスクを高めます（詳しくはP.54〜57も参照）。

　障害が重複している場合、教科書に載っているような理解・対応に頼り切ってしまうと、当事者の抱える複雑なニーズを見逃したり、実態から遠ざかってしまうこともあるでしょう。その人がどのような生活時間を、どのような環境（ヒト・モノ・出来事）との接点をもちながら過ごしているのかを理解し、その人なりの弱みや強みを明らかにしたうえで具体的な支援を考えること、つまりオーダーメイドの支援が、より一層求められます。

第1章 参考文献

- American Psychiatric Association:, *Diagnostic and Statistical Manual of Mental Disorders, 5th edition(DSM-5®)*, American Psychiatric Association Publishing, 2013.
  （邦訳：日本精神神経学会監修、髙橋三郎・大野裕監訳、染矢俊幸・神庭重信ら訳『DSM-5精神疾患の診断・統計マニュアル』医学書院、2014）
- World Health Organization, International Classification of Diseases 11th Revision(ICD-11)
  https://icd.who.int/en
- 小山義徳編著、岩田美保・大芦治ら共著『基礎からまなぶ教育心理学』サイエンス社、2018.

発達障害の症状と
かかわり

01 自閉スペクトラム症（ASD）①
社会的コミュニケーション上の問題

他者と関係をつくることの難しさ

　自閉スペクトラム症（ASD）のある子どもの特徴の一つに、視線を合わせる、相手の表情や気持ちを理解するなど「周囲とかかわるうえでの」難しさや、集団に合わせる、ルールを理解するなど「（この）社会で過ごすうえでの」難しさが挙げられます。

　会話等の場面で、多くの人は、話し相手の目や口角等の位置関係やその変化をまとまりでとらえたうえで表情を理解しています。一方、ASD のある人の中には各パーツの状態を別々に認識する場合があります。さらに、ASD のある人の多くが、表情や前後の文脈、言動などから、他者の考えを推測することへの難しさを感じています。すなわち、相手や場に合わせるために、**ASD のある人の多くは、さまざまな情報を「手動で」つなぎ合わせる努力を続けなければならず、その大変さは相当なものと推察できます。**

　また、コミュニケーションや集団での行動では、臨機応変さが求められたり、暗黙の了解が前提となったりすることが多くあります。いずれも目には見えず、イメージがもちにくいうえ、人によってとらえ方が異なるところがあります。こうしたわかりにくさや曖昧さのうえに成り立つ場や雰囲気そのものが、ASD のある子どもの参加を難しくさせたり、その子の言動が場違いなものとして周囲に受け取られたりする要因の一つとなります。

限られたコミュニケーションの手段

　ASD のある子どもは、身振りや言葉などの**伝達手段が限られていることがあります**（例：オウム返し）。また、言葉を話す場合でも、話し方が独特だったり、大人が使う言葉を使ったりするなど**不自然さが伴う場合もあります**。

社会的コミュニケーション上の問題  図

手動のコミュニケーション

別々の情報を合わせて考える

①今の話題はAについてだな。
②目は釣りあがっていないから、怒ってはいないな。
③口角が上がっても下がってもいないから、真剣な話なのかな。

「見えない」前提からくる難しさ

見えないからわからない！

え！ 前回とは違うの？

状況に合わせて動いて

空気読んで！

第1章 発達障害とは？

第2章 発達障害の症状とかかわり

第3章 発達障害を取り巻くさまざまな事情

第4章 さまざまな視点による支援

第5章 ライフステージに応じた支援制度

第6章 家族ともつながり合うために

第7章 発達障害のある人への支援事例

02
自閉スペクトラム症(ASD)②
こだわり、繰り返される同じ行動

こだわり行動・興味などの偏り

　ASD のある子どもの特徴の一つとして、手順や道具、ルールなどにこだわることが挙げられます。また、関心や活動の範囲がかなり限られる一方で、興味のあるものに関連する知識は非常に深く、探求心も旺盛であるといわれます。

　「自閉スペクトラム症」という名称ゆえに、「自閉スペクトラム症だからこだわっている」と、原因を障害のみと結びつけて考えやすいところですが、果たしてそうでしょうか。もちろん、自分が興味・関心をもっているものについては、熱量も高く、強い情熱のもとに大人以上の知識を身につけたり、表現したりすることもあるでしょう。

　一方で、ものや場所、順番等に関しては、もちろん特性として同一性を強く求める部分もありますが、おかれた状況に不安や緊張、居心地の悪さ等を感じて、そこに固執しないと安心できない、落ち着かないという状況におかれている場合もあります。すなわちこだわりも、**個人の状態や環境との相互作用によって様子が変わってくる**のです。

感覚の過敏や鈍麻・動きの不器用さ

　人には五感がありますが、ASD のある子どものうち、そのいずれかもしくは複数の感覚がとても敏感である**感覚過敏**や逆にとても鈍感である**感覚鈍麻**がある場合があります（詳細は P.52参照）。感覚過敏は、我慢すれば何とかなる程度ではなく、**その場で過ごすことが耐えられないほど**であるといわれます。

　また、自分の身体の輪郭や大きさへのイメージを抱きにくいことなどから、身体を動かすことや手先を使うことに対して極端に不器用さがみられたり、力を入れる加減が難しかったりすることもあります。

同じ「こだわり」に見えても内面は異なる

電車大好き！いろいろ知りたい！

どのように過ごしたらいいの？
この人たちは誰だろう？
→不安だからタオルを持って
少しだけ安心したい！

感覚の過敏（鈍麻）や身体イメージ

ほかの人が気にも留めない音がスピーカーのように
聞こえるという場合もあります（その逆もあります）

本人イメージの自分の身体

合って
いない！

実際の自分の身体

うまく身体が動かせない

第1章　発達障害とは？

第2章　発達障害の症状とかかわり

第3章　発達障害を取り巻くさまざまな事情

第4章　さまざまな視点による支援

第5章　ライフステージに応じた支援制度

第6章　家族ともつながり合うために

第7章　発達障害のある人への支援事例

03
自閉スペクトラム症(ASD)③
ASDのある子どもとのかかわり

▶ その子を肯定的に理解しようとする

　人には、ものを理解する力や人とかかわる力、感じたものを表現する力、自分を調整する力など、さまざまな力があります。ASD のある子どもは、こうした力の凹凸が特に大きいとされます。

　ASD のある子どもとのかかわりに難しさを感じたとき、大人はその子の凹部分に目を向けて「どうにかしたい（平らに近づけたい）」という気持ちになりがちです。しかし、急がば回れという言葉のとおり、まずはその子をよく観察して理解しようとすることが大切です。観察の際は、凹部分だけでなく、好きなものや得意なこと、魅力などの**凸部分にも意識的に目を向けましょう**。子どもは自分に向けられる大人のまなざしに敏感です。大人が肯定的に理解しようとする中でこそ、よりよいかかわりも生まれます。

▶ 二次障害を生まないかかわりをする

　ASD のある子どもへのかかわりで危惧されることは、うつ病などの併存症（P.54参照）をはじめ不登校、暴言・暴力や自傷行為などの「二次障害」につながることです。

　二次障害は、子どもが受ける過剰なストレスやトラウマが引き金となります。**二次障害を生まないために**、まずはその子の好きなもの、落ち着く場所、受け止めてくれる人……それらが常に基盤にある生活を整えることが肝要です。その土台を作りつつ「少し先が具体的に見通せる」環境づくりや働きかけの工夫を進めていくとよいでしょう。

　これらの安心をもとに、「やりたいことが納得するまでできた」経験や小さな「やってみたらできた」機会が積み重ねられていくこと、そして「難しいことは人に相談する」ための方法を身につけられるようなかかわりが大切になります。

肯定的理解と二次障害を生まないかかわり 図

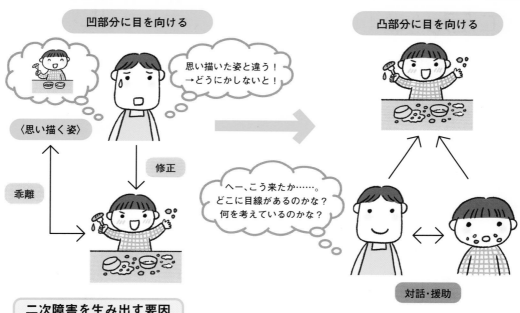

肯定的に理解しようとする

凹部分に目を向ける

〈思い描く姿〉

思い描いた姿と違う！
→どうにかしないと！

乖離

修正

凸部分に目を向ける

へー、こう来たか……。
どこに目線があるのかな？
何を考えているのかな？

対話・援助

二次障害を生み出す要因

ほめられた経験がほとんどない
など

自信がない

批判的なかかわりが多い
など

がんばっているのに報われない
など

自分のよさが
わからない

何もやる気が
起きない

第1章 発達障害とは？

第2章 発達障害の症状とかかわり

第3章 発達障害を取り巻くさまざまな事情

第4章 さまざまな視点による支援

第5章 ライフステージに応じた支援制度

第6章 家族ともつながり合うために

第7章 発達障害のある人への支援事例

04

注意欠如・多動症（ADHD）①
不注意

■ **本人や家庭のしつけの問題ではない**

　人には、入ってきたさまざまな情報を一時的に頭の中に保持して、覚えておいたほうがよいか捨ててよいかを整理していく力があります。注意欠如・多動症（ADHD）のある子どもは、これらの力の一部もしくは全体に弱さがみられます。すると、何かをやろうと思っても、思ったことそのものが頭から抜けてしまう、何をするかは覚えていたもののどこから手をつけたらよいかわからずに優先度の低い目の前の作業から始めてしまう、不要な情報を捨てないままやることの優先順位をつけてしまう……といった事態が生じやすくなります。そのため日常生活において、気が散りやすい、見落としや聞き忘れが多い、忘れ物をしやすい、予定を覚えていないといったことが起こります。その一方で、自分のやりたいことや興味のあることに没頭し過ぎて、切り替えが難しい、時間を忘れてしまう、終わったあとに疲れ切ってしまうなどの様子もみられます。

　ADHD の中で不注意の傾向が強い子どもは、集団を乱すことが少なく、周囲から「うっかりミスが多い」「だらしない」など「個人のできなさ」として認識されやすいのですが、これらの不注意は**本人がわざとやっていたり育て方の影響を受けたりするものではありません。**

■ **発想力豊かなアイデアマンの一面も**

　不注意のある人がもつ記憶の特性は、日々の生活や活動に参加するうえで困ることもありますが、強みに変わることもあります。ミスをしてもくじけずに明るく過ごせることや、頭の中にさまざまな情報が残っているからこそ、一見すると関連のないもの同士がつながり、斬新なアイデアが生まれるなど**強みに変わることも少なくありません。**

不注意の傾向が強い子どもの誤解と強み

わざとではないのに誤解されやすい

Bの情報が大きすぎて
Aが頭から抜けてしまう…

優先度
低 ——→ 高

高いものが遠くへ…

忘れてた……

優先順位が違った……

記憶の特性が強みになる

第1章 発達障害とは？

第2章 発達障害の症状とかかわり

第3章 発達障害を取り巻くさまざまな事情

第4章 さまざまな視点による支援

第5章 ライフステージに応じた支援制度

第6章 家族ともつながり合うために

第7章 発達障害のある人への支援事例

05

注意欠如・多動症(ADHD)②
多動性－衝動性

▶ 思ったことがすぐに言葉や動作に表れる

　ADHDのある子どもの中には、思ったことがあるとすぐに行動で示したり、言葉にしたりする子がいます。脳には、その時々の目標を達成するために、思考や行動、気持ちや欲求を制御する働きがありますが、ADHDのある子どもの多くは、その機能が弱いとされます。そのため、じっとしていられない、身体を小刻みに揺らすなどの**多動性**や、思ったらすぐに行動に移す、思ったままに言葉を紡ぐ（のでまとまりがなく多弁である）、「あとでのお楽しみ」が難しい、感情のコントロールがきかない……などの**衝動性**を示す様子がみられます。

　しかし、多動性や衝動性は第1章（P.10参照）にもあるとおり、乳幼児期および学童期の比較的早い時期に強く現れることが多く、本人の困っていることに周囲が気づいて支援につながりやすいといわれます。そして、**適切な対応がなされることで**、小学校高学年から中学生になる頃にはだんだんと**落ち着いてくる**場合も多いとされます。

▶ 特性は生まれもったものだが、行動としてどのように表れるかは別問題

　ADHDのある子どもがもつ特性は、生得的なものであり「なくす」ことはできません。しかし、**特性に由来する行動がどのくらい頻出するか、どのように表出されるのかは、人により多様であり、同じ人でもさまざまな条件の影響を受けます。**

　例えばストレスや睡眠、食事バランスなどの生活リズムや習慣は、その子が見せる衝動性と関連している場合があるといわれます。また、展開している活動がその子の興味関心に合っているか、その場の環境が整っているかなどの視点は、共に過ごす際に特に大切にしたいところです。

特性として表れる行動例

思ったらすぐに行動に移す

「あとでのお楽しみ」が難しい

思ったままに言葉を紡ぐ

感情のコントロールがきかない

特性の表れ方に影響するさまざまな要因

活動への魅力

生活状況

環境

周囲の受け止めや関係

第1章　発達障害とは？

第2章　発達障害の症状とかかわり

第3章　発達障害を取り巻くさまざまな事情

第4章　さまざまな視点による支援

第5章　ライフステージに応じた支援制度

第6章　家族ともつながり合うために

第7章　発達障害のある人への支援事例

06

注意欠如・多動症（ADHD）③
ADHDのある子どもとのかかわり

▶ 子どもに何を願うのか

　活動に取り組む際、大人は子どもにいろいろ求めたくなります。例えば、製作場面では、椅子によい姿勢で座り、道具を適切に置き、手順に沿って製作活動に参加し、片づけも最後まで行うといった具合です。

　しかし、この中で大人が子どもに最も経験してほしいことは何でしょう。子どもが製作活動を楽しむことではないでしょうか。そうであれば、それ以外のこと（椅子に姿勢よく座る、手順に沿うなど）は、大人がいったん見逃してもよいかもしれません。**子どもの育ちで大切なことの一つは、自尊心を育むことです。**ADHD のある子どもは、「みんなと同じこと」「●歳ならできて当たり前」などを当てはめられたとき、周囲との違いに居心地の悪さを覚えることが少なくありません。さらに大人からの叱責等が加わると、ますます自信を失ってしまいます。

　ADHD のある子どもとかかわる際は、活動に含まれるさまざまな要素のうち子どもに願うことを絞り、それ以外は（気になりつつも）意識的に問題に取り上げず、できたことや工夫したことを認めることで、その子の自己肯定感を育むことがまず大切です。

▶ 思いが叶う環境づくりを

不注意や衝動性、多動性は、子どもががんばってどうにかできるものではありません。しかし、かかわる大人もその子の状態に困ってしまう場合は、まず環境を整えましょう。

　一方で「環境を整える」というと、周囲の刺激を少なくするなど、「困っていること」への対処を考えがちですが、その前に、その子にとっての「居心地の良さ」「面白さ」「楽しさ」が保障される環境を整えていきましょう。

ADHDのある子どもへのかかわりと環境づくり

子どもに今一番願うことは何か？

楽しく学ぶ？

正しい姿勢？

静かにする？

環境を整えることの大切さ

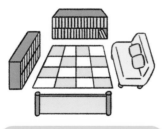

居心地のよさ

楽しさ・面白さ

水筒ボックス

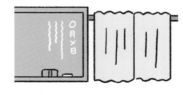

困っていることへの対処

第1章 発達障害とは？

第2章 発達障害の症状とかかわり

第3章 発達障害を取り巻くさまざまな事情

第4章 さまざまな視点による支援

第5章 ライフステージに応じた支援制度

第6章 家族ともつながり合うために

第7章 発達障害のある人への支援事例

07 限局性学習症（SLD）①
読字障害（ディスレクシア）

「読む」困難さとは？

　読字障害とは、ひらがな、カタカナ、漢字、あるいは英語の文字や文節、文章を読むことに、（年齢、知的発達等から期待される状態よりも）時間がかかり、**生活や学習上の困難を抱える状態**です。「はっぴょうかい（発表会）でおどった」という文章を例に確認してみると、①小さな「っ」で表される「促音」や小さな「ょ」で表される「拗音」をそのまま読む、②「ぴ」の「゜」、「ど」の「゛」といった濁音・半濁音等の特殊音（節）の読みの苦手などがあります。

　原因はさまざまですが、**文字の細部が「にじむ」**ため形の似た字を読み間違える（「間」「問」「開」「閉」の判別が付きにくい）、**文字がゆがんで見える**、**上下左右反転する**、「゜」「゛」「、」「。」の**濁音・半濁音・句読点が文字に吸収される**等の極端な錯視状態が当事者から語られることもあります。すべての文字でなく、一部がそのように「見える」場合でも、読みに時間がかかり、生活や学習上の困難が生じます。

英語の難しさ

　例えば、「This is a pen」で考えてみましょう。「is」という同じスペルが連続しています。アルファベットはA〜Zまで26字しかなく同じスペルが何度も出てきて、言葉のまとまりもつかみにくく、読みにくいのです。さらに、「This is a pen」には同じスペルの「is」が２箇所あるのですが、読み方が違います。英語は「読みの困難さ」を来しやすい言語なのです。

SLDのある人の見え方

SLDのある人の見え方を極端にイメージした次の文章を10秒以内で読んでみましょう。

> ふんしようとくにかんしやすうしやかたかなははんたかかたちかおなしようにみえたりに
> しむほやけるゆかむしようけさゆうにはんてんーしたりするなとはんへつにくろうする

答え：文章、特に、漢字や数字やカタカナは何だか形が同じように見えたり、
「にじむ、ぼやける、ゆがむ、上下左右に反転……」したりするなど判別に苦労する。

英語の難しさ

「OPEN」は「PEN」の前に「O」が付きますから、本来は「オーペン」と読むほうが自然です。しかし、「オープン」と読みます。さらに、先に触れたような「見え方」の違いも加わるとしたら、英語は読み困難を生じやすいことが分かります。
「国語や理科の成績はよいのに、英語は極端に苦手……」という場合、単なる努力不足ではなく、「英語」という言語圏で読みの困難を抱えていることもあります。

SLDのある子どもへの支援

幼児期	「読むことを強要する」のではなく、絵本や図鑑の読み聞かせを多くして、「読むことの楽しさ＝自分から読みたくなる」状況づくりが何より大切
学齢期	指追い読み（指で読んでいるところをなぞる）、鉛筆や定規を当てて読んだ行を隠す、読む行だけが見えるようなスリットシートを用意する、文章や文字を拡大する、本人が最も読みやすい文字フォントを確認する（※誰もが読みやすいと言われるユニバーサルデザインフォントなど）……など、本人とよく相談しながら進める

スリットシート

「失読症」と混同される場合がありますが、失読症は脳梗塞などの後遺症として生じることが多く、今まで読めていたものが後天的に読めなくなった状態を指します。

注：米国精神医学会発行「DSM-5 精神障害の診断・統計マニュアル」においては、読字障害「ディスレクシア」、書字障害「ディスグラフィア」、算数障害「ディスカリキュア」として示されています。

第1章 発達障害とは？

第2章 発達障害の症状とかかわり

第3章 発達障害を取り巻くさまざまな事情

第4章 さまざまな視点による支援

第5章 ライフステージに応じた支援制度

第6章 家族ともつながり合うために

第7章 発達障害のある人の支援事例

08

限局性学習症（SLD）②

書字障害（ディスグラフィア）

さまざまな困難

　ひらがな、カタカナ、漢字、あるいは英語の文字や文章を書くことに、（年齢、知的発達等から期待される状態よりも）時間がかかり、生活や学習上の困難を抱える状態です。読字障害を抱えていることも多くあります。その**表れ方は、書くこと全般に苦手を抱える場合、漢字やカタカナだけの場合、さらには、似た形の文字の細部を間違える場合など、さまざま**です。例えば、

○形態的に似ている文字の誤り―「め」と「ぬ」、「わ」と「ね」、「雷」と「雪」など
○漢字の細部を間違える―門構えの「関」、「間」、「問」、「開」、「閉」など
○左右反転して書いてしまう―「Ｅ」→「ヨ」、漢字の偏（へん）と旁（つくり）が入れ替わるなど
○耳で聞くと同じ音（おん）の表記の誤り―「わ」と「は」、「お」と「を」など
○正しい形で表記できない―形が整わない歪んだ文字になる
○数日間は正しく覚えていられるがその後はほぼ忘れてしまう―単元途中で行う「漢字ミニテスト」は満点でも単元後の「本テスト」では思い出せないなど

困難さの見方

　読字障害は困難さが大変気づかれにくい一方、書字障害は書かれた作文やテスト等に「書字」が残るため、比較的困難さが気づかれやすいです。しかし、**「覚える努力をしない」「投げやりな書き方をする」などと誤解される**ことも多くあります。

　また、発達性協調運動症（P.14参照）による微細運動（巧緻運動）の苦手さが、文字の形が整わない等の書字の困難として表れることがあります。「どこで困っているのだろう？」と「見方」を変えて「味方」になり、「支援」を検討する必要があります。

第1章 発達障害とは？

第2章 発達障害の症状とかかわり

第3章 発達障害を取り巻くさまざまな事情

第4章 さまざまな視点による支援

第5章 ライフステージに応じた支援制度

第6章 家族とともつながり合うために

第7章 発達障害のある人への支援事例

指導の工夫

大きめのマス目や中に十字の補助線のあるマス目を使う

何度も書いて覚えるのではなく「『タロー』と『名』を呼ぶ」「『イ・ナ・エ』の『佐』」のように、カタカナの組み合わせを唱えてイメージする聴覚法

「一人一台端末」の時代です。タブレットでの文字入力だけでなく、話し言葉を書き言葉に変換するソフトの活用も検討します。

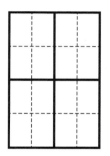

イ＋ナ＋エ＝佐

認め合い・支え合う学級経営

「書けない」「間違いが多い」等は友達からも見て確認できます。「からかい」や「笑い」の対象になり、自尊感情を損ないやすいのも書字障害の特徴の一つです。すべての子どもの「得意も苦手」も認め合い・支え合う学級経営が大切になります。

文部科学省では、読字障害、書字障害、算数障害を包括して「学習障害」としています。
「学習障害とは、全般的に知的発達に遅れはないが、聞く、話す、読む、書く、計算する又は推論するといった学習に必要な基礎的な能力のうち、一つないし複数の特定の能力についてなかなか習得できなかったり、うまく発揮することができなかったりすることによって、学習上、様々な困難に直面している状態をいう」（「障害のある子供の教育支援の手引〜子供たち一人一人の教育的ニーズを踏まえた学びの充実に向けて〜」令和3年6月）

09 限局性学習症（SLD）③
算数障害（ディスカリキュア）

▶ 算数障害とは

算数障害（ディスカリキュア）とは、年齢、知的発達等から期待される算数の能力の獲得に困難がある状態をいいます。ここでは熊谷恵子の分類に依拠して説明します。

▶ 算数障害の分類

①数処理

具体物（３つのりんご）、数詞（さん）、数字（３）のマッチング、いわゆる**三項関係**を成立させて考えられる力です（右図参照）。例えば、「りんごを３つとって」と言われたときに、実物と数がマッチして３つのりんごを用意できることです。

②数概念

順番を表す**序数性**と、量を表す**基数性**という数の二つの側面を理解することです。例えば、序数性と基数性が育っていないと、順序と数量の区別が不十分なため、小学校１年生の初期学習にある「５は２と３からできている」「５は４と１からできている」という理解が難しくなります。

③計算

20までの足し算や引き算、九九の範囲の掛け算や割り算など**暗算**の困難、そして、「暗算」以外の大きな数の加減乗除について、紙の上で繰り上がりや繰り下がりの計算をしようとすると桁の間違いなどがみられるという**筆算**の困難です。

④数学的推論

例えば、**文章題**を解くことの困難さです。内容を図、絵、表など視覚的にイメージし、その視覚的イメージに基づいて立式するという過程で困難がみられます。

① 数処理

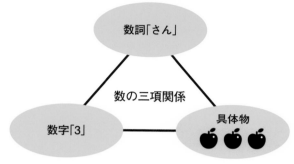

数詞「さん」

数の三項関係

数字「3」　　　具体物

② 数概念

| 序数性 | 基数性 |

左から4番目に並んでいる友だちはだれ？
（数を順番として理解する）

6個と4個だとどっちが多い？
（数を量として理解する）

③ 計算

暗算ができない　　　筆算の桁がそろわない

$12-5=?$

④ 数学的推論

「すいそうにきんぎょが5ひきいます。そのすいそうにきんぎょを2ひきいれると、きんぎょはあわせてなんびきになりますか？」

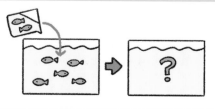

図や絵として
イメージしづらい

第 1 章　発達障害とは？

第 2 章　発達障害の症状とかかわり

第 3 章　発達障害を取り巻くさまざまな事情

第 4 章　さまざまな視点による支援

第 5 章　ライフステージに応じた支援制度

第 6 章　家族ともつながり合うために

第 7 章　発達障害のある人への支援事例

インクルーシブ保育と通常学級
ユニバーサルデザインの基盤

■「医療ミス」以上の「教育ミス」

　幼稚園等で「手を洗ったら、クレヨンを用意します」と指示すると、手を洗わずにクレヨンを用意する子がいます。小学校低学年の授業では「教科書36ページを開いて、問題の４番をやります」と指示すると、「先生、何て言ったのー!?」と問い返す姿が見られます。聴覚的な記憶の箱が小さく、一度に二つの指示（「手を洗う」＋「クレヨンの用意」、「36ページを開く」＋「問題の４番を見る」）が努力しても入らないのです。

　さて、その子どもに「話を聞いてなさい！」と注意を繰り返しても問題は解決しません。聞く努力をしてもうまくできない子どもへの注意が繰り返され、その子どもは次第に意欲を失うか反発します。視覚障害のある子どもに「なぜ黒板の字を読めないのですか！」と叱責する保育者・教員はいません。本人の努力だけでは見えないことを理解しているからです。だとすれば、努力をしてもうまく指示を聞きとれない子どもへの注意・叱責は、おそらく、「医療ミス」以上の「教育ミス」になります。

■「見方」を変えて「支援」を変える

　上記の例は、「努力不足」として誤解・叱責される典型です。「聞きとりきれないのかもしれない？」と「見方」を変えて「支援」を変えます。先の例では「36ページを開きます」「問題４番です」と一文一動詞の指示に変えます。

　その指示は、聴覚記憶の箱が小さい子どもには「ないと困る支援」です。しかし、一文一動詞の指示にはメリハリがあり、どの子どもにも聞きとりやすい「あると便利で・役に立つ支援」になります。これがインクルーシブ保育・通常学級ユニバーサルデザインです。

第1章 発達障害とは？

第2章 かかわり

第3章 発達障害を取り巻くさまざまな事情

第4章 さまざまな視点による支援

第5章 ライフステージに応じた支援制度

第6章 家族とつながり合うために

第7章 発達障害のある人への支援事例

インクルーシブ保育・通常学級ユニバーサルデザインの定義

〈インクルーシブ保育・通常学級ユニバーサルデザインと合理的配慮〉
①発達障害等を含む配慮を要する子どもには**「ないと困る支援」**であり
②どの子どもにも**「あると便利で・役に立つ支援」**を増やす
③その結果として、**すべての子どもたち**の過ごしやすさと学びやすさが向上する。
④上記①②の努力をしても及ばない場合には、個別に「合理的配慮」を提供する

　小中学校で「学習面又は行動面で著しい困難を示す」とされた子どもの割合が約8.8％です（文部科学省、2022）。小学校１年生に限れば12.0％です。この現実は「通常の保育・教育」の中で実践できる「特別」ではない支援教育モデルの必要性を強く示唆します。それがインクルーシブ保育・通常学級ユニバーサルデザインです。

逆転の発想でほめる機会を増やす

〈徹底した逆転の発想で〉
①問題行動を叱って減らす発想ではなく、問題を起こしていない状態をほめて増やす逆転の発想
②「できていること」「得意」「よいところ」に目を向けて、それらが少しでも発揮されるように

　年度当初は特に、確実に守ることのできる約束をしてほめる機会を増やします。言語環境の手本である保育者・教員のほめ言葉5S（**さ**すが、**す**ごい、**す**てき、**す**ばらしい、**そ**れでいい）が増えれば、学級の雰囲気は温かくなります。
　一方で、ルール・約束を守らないときを叱るのではなく、ルール・約束を守っている姿をほめるという逆転の発想が大切です。周りの子どもたちをしっかりと育てることは、配慮を要する子どもの手本になる友達を増やすことでもあります。これは年度当初の学級経営で特に留意したい点です。

第2章参考文献

- 綾屋紗月「自閉スペクトラム症の学生や研究者への合理的配慮と基礎的環境整備」『学術の動向』第27巻第10号、40-45、2022.
- Baron-Cohen, S., Leslie, A. M. & Frith, U., 'Does the autistic child have a "theory of mind"?', *Cognition*, 21, 37-46, 1985.
- Baron-Cohen, S, 'The autistic child's theory of mind: A case of specific developmental delay', *Journal of Child Psychology and Psychiatry*, 30, 285-297, 1987.
- ウタ・フリス著、冨田真紀・清水康夫・鈴木玲子訳『新訂 自閉症の謎を解き明かす』東京書籍、2009.
- Happé, F., 'Autism: Cognitive deficit or cognitive style?', *Trends in Cognitive Sciences*, 3, 216-222, 1999.
- Happé, F. & Frith, U., 'The Weak Coherence Account: Detail-focused Cognitive Style in Autism Spectrum Disorders', *Journal of Autism and Developmental Disorders*, 36, 5-25, 2006.
- Hobson, R. P., Ouston, J. & Lee, A., 'What's in a face? The case of autism.', *British Journal of Psychology*, 79, 441-453, 1988.
- Jemel, B., Mottron, L. & Dawson, M., 'Impaired face processing in autism: fact or artifact?', *Journal of Autism and Developmental Disorders*, 36, 91-106, 2006.
- 独立行政法人国立特別支援教育総合研究所「令和元～2年度　障害種別研究　B-372　社会とのつながりを意識した発達障害等への専門性のある支援に関する研究－二次的な障害の予防・低減に向けた通級による指導等の在り方に焦点を当てて－」(研究代表者：海津亜希子)、2021.
- 吉益光一「注意欠如多動性障害(ADHD)の疫学と病態：遺伝要因と環境要因の関係性の視点から」『日本健康医学会雑誌』第29巻第2号、130-141、2020.
- 熊谷恵子「算数障害とは」『LD, ADHD & ASD』No. 32、2023.
- 文部科学省「通常の学級に在籍する特別な教育的支援を必要とする児童生徒に関する調査結果」2022.
- 佐藤愼二『実践　通常学級ユニバーサルデザインⅡ 授業づくりのポイントと保護者との連携』東洋館出版社、2015.
- 佐藤愼二『逆転の発想で魔法のほめ方・叱り方』東洋館出版社、2017.
- 佐藤愼二『通常学級の「特別」ではない支援教育 校内外支援体制・ユニバーサルデザイン・合理的配慮』東洋館出版社、2022.

発達障害を取り巻く
さまざまな事情

01

睡眠障害

▶ 自閉スペクトラム症（ASD）のある子どもの睡眠障害

　発達障害のある子どもたちには、定型発達の子どもに比べて睡眠障害が併存することがよく知られています。例えば、自閉スペクトラム症（ASD）のある子どもの多くは小さな頃から睡眠障害が認められることが多く、多くの親が子どもの寝かしつけに苦労をしています。なかでも概日リズム睡眠・覚醒障害（生活のリズムをつくる体内時計の乱れにより、睡眠と覚醒のリズムに乱れが生じる）や入眠困難などの不眠症、睡眠時随伴症（悪夢、夜尿、徘徊、突然大きな声を出すなど）などが多くみられるようです。睡眠障害が強い ASD のある子どもは、情動も不安定になりやすく、かんしゃくや自傷等も認められやすくなるため、家族のメンタルヘルスへの影響も大きくなります。

　ASD のある子どもは**メラトニン**（体内時計を調節し、睡眠を促すホルモン）が夜間に増えにくいことも多く、**ASD に併存する睡眠障害ではメラトニンの投与が認められています**。

▶ 注意欠如・多動症（ADHD）のある子どもの睡眠障害

　また、注意欠如・多動症（ADHD）においても睡眠障害の併存はよく知られています。

　ADHD のある子どもはやるべきことを後回しにしがちなので、しばしば睡眠のリズムが後ろにずれてしまいます。また、**ナルコレプシー**と呼ばれる過眠症は、ADHD との併存が多いことやその両者に関与する遺伝子の存在があることもわかってきています。ADHD のある子どもの一部は十分に夜間眠っていても、日中に強い眠気が生じて居眠りしてしまうこともあり、支援者はナルコレプシーの併存についてよく知っておく必要があります。

ASDのある子ども

ASDのある子ども

睡眠障害の併存は多い

- リズムが乱れやすい
- なかなか寝付けない
- 眠っているときに大きな声を出す、ウロウロするなど

↓

情動が不安定になりやすく、日中の行動にも影響
子どものメンタルヘルスへの影響は大きい

ASDのある子どもの家族

- 夜間に眠れない
- 日中も子どもへの対応が必要になる

↓

家族のメンタルヘルスへの影響も大きい

睡眠障害の治療は大切。メラトニンなどが処方される

ADHDのある子ども

ADHDのある子ども

- やるべきことを後回しに
  ➡ 睡眠リズムの乱れにつながりやすい
- ナルコレプシーが併存しやすい
  ➡ 日中の居眠りが多い

・周囲がそのような睡眠障害との関連について知らないと「サボっている」「怠けている」と叱られることも多く、本人のメンタルヘルスは損なわれやすい
・ADHDに併存する睡眠障害の治療にもメラトニンなどが処方される

02
インターネットや
ゲーム

発達障害とインターネットやゲームとの関連

ASD のある子どもは**ゲーム行動症**（いわゆるゲームへの依存）のスコアが高いことや、情動調節の困難から学校などの環境でうまくいきにくいことがゲームへの傾倒につながることが推測されています。ASD のある子どもは学校などで居場所をなくしやすく、その結果ゲームの世界に傾倒していくといえるかもしれません。

一方、ADHD のある子どもについてもゲームへの依存との関連は指摘されており、それは衝動性や不注意といった ADHD の中核的な特性と関連することがわかってきています。また、インターネットやゲームの世界が、ADHD のある子どもが好む即時報酬が多い世界であることも関係しているかもしれません。ADHD のある子どもがやるべき宿題などを後回しにしてゲームなどを優先してしまったり、ゲームを終えて宿題などに取り掛かるのが難しかったりするのもよくある話です。

ルールや約束事をつくる

そのようなリスクがあるとしても、すべての ASD や ADHD のある子どもが依存に至るわけではありません。家族関係があたたかく保たれていることや家族と子どもがインターネットやゲームのルールについて話し合うことができる関係を築けていることは、依存へのブレーキをかけてくれる保護因子になることが知られています。

ですので、発達障害とインターネットやゲームの関係については、家族関係をこじらせることなく、親子で実現することが可能なルールや約束事をつくっていくことが求められているといえます。

発達障害とインターネットやゲームとの関連

ASDのある子ども

インターネットや
ゲームへの依存の
リスクは高いかも

 情動の調節が難しい

→

 学校でうまくいかない

→

ゲームにハマる

ADHDのある子ども

インターネットや
ゲームへの依存の
リスクは高いかも

衝動性

不注意

→

宿題などを後回しに
我慢の難しさ
ネットやゲームは即
時報酬の世界

→

ゲームにハマる

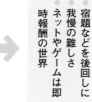

約束事をつくるコツ

① 子どもが自分が守れそうな約束を考えてみる

ぼく5時にゲーム
やめるよ！

こんなのはNG ① 大人からの一方的なルールにしない

ゲームは5時まで！
1日1時間！

守るのも守らせる
のも大変です

② 親御さんはそれを守らせることができそうか考えてみる

わかった！

パパもママも6時に
帰ってくるから6時
までにしようよ

こんなのはNG ②

成績が下がったから
ゲームはなし！

勉強が嫌いに
なります

第1章 発達障害とは？

第2章 発達障害の症状とかかわり

第3章 発達障害を取り巻くさまざまな事情

第4章 さまざまな視点による支援

第5章 ライフステージに応じた支援制度

第6章 家族ともつながり合うために

第7章 発達障害のある人への支援事例

03

歯医者・床屋

歯医者

　発達障害のある子どもにとって、歯医者は決して楽しい場所ではありません。なぜなら、歯医者には怖そうな器具が並んでおり、どのようなことがされるのか本人にとって見通しがつくわかりやすい環境ではありません。また、感覚過敏やかんしゃく、多動などが著しければ、落ち着いて歯磨きなどを行うことも難しくなるので、虫歯のリスクも高くなります。

　歯医者の予約をする際には、**事前に子どもの障害や特性などについて伝えておくことが大切です**。どのような方法でコミュニケーションがとれるのか、どのような環境が苦手なのか、落ち着けるアイテムがあればそのことについても伝えておくとよいと思われます。歯医者に行く前には、子どもにも説明しておく必要があります。歯医者を題材にした絵本などを見せたり、当日のスケジュールや治療内容を本人にわかりやすい形で伝えておくのもよいでしょう。「終わったら本屋さんに行くよ」などと具体的なご褒美について伝えてもよいかもしれません。

　歯医者を選ぶ際には地域の口コミや日本障害者歯科学会のホームページから認定医・専門医のいる施設を探してもよいでしょう。

床屋

　また、発達障害のある子どもにとっては感覚過敏などの問題から、美容院や床屋が苦手な子どももいます。地域の中で自分の子どものことを理解してくれる床屋や美容院を地道に探していく必要がありそうです。そのような際にも地域の口コミは最も参考になる情報の一つになります。

歯医者を受診する際に伝えたほうがよいこと

現在の症状	痛みや腫れなどについて伝えておくとよい 健診の希望であればその旨を伝えておくのもよい
年齢や身長と体重	○歳、●●cm、△△kg
発達障害のこと	ASD、ADHDなどの診断名については予約時に伝えておいたほうがよい
コミュニケーションの方法	言葉でやりとりできる、絵カードなどを利用しているので持参するなど、コミュニケーションの方法などについては伝えておいたほうがよい
苦手な環境とそのときの反応について	何をされるのかがわからないと不安になりやすく、パニックになりやすいじっとするのが苦手だけど、5分間くらいならじっとできる
落ち着くアイテムや状況	お気に入りのぬいぐるみを持っていると落ち着きやすい 親が同席すると落ち着きやすい　など
そのほか	待合室が苦手なので、駐車場での待機が必要 事前に器具や治療の説明をしてほしい　など

床屋に行くときにできる工夫

①地域の口コミを参考にする

②予約をとる際には、発達障害のことや落ち着くアイテムや苦手な状況（待つことが苦手）　などについて伝えておく

③家族が床屋に行く様子を見せる

第1章　発達障害とは？

第2章　発達障害の症状とかかわり

第3章　発達障害を取り巻くさまざまな事情

第4章　さまざまな視点による支援

第5章　ライフステージに応じた支援制度

第6章　家族ともつながり合うために

第7章　発達障害のある人への支援事例

04

感覚過敏・感覚鈍麻

■ 感覚過敏・感覚鈍麻の症状

　感覚過敏とは、小さな感覚刺激に対して過敏になる状態のことをいいます。

　例えば、聴覚過敏があれば、掃除機などの音やざわざわした音など特定の音が苦手だったり、時計の音などの小さな音が気になってしまったりします。触覚過敏があれば、些細な素材の違いから洋服が着られなかったり、友人から肩を叩かれるだけでびっくりしてしまったりします。味覚過敏や嗅覚過敏があれば、偏食につながることもあります。このような感覚過敏の症状は ASD の特性として語られることも多いのですが、ADHDのある子どもにもしばしば見受けられます。

　また、感覚過敏と同時に感覚鈍麻が認められることもしばしばあります。痛みに対する鈍麻から感覚探求行動として自傷を繰り返してしまうこともありますし、匂いに対する鈍麻から髪の毛の匂いを嗅ぐことを繰り返してしまうこともあります。

■ 感覚過敏・感覚鈍麻の支援

　感覚過敏に基づく症状は、周囲から「大騒ぎしすぎ」「我慢できるはず」などと誤解を受けやすく、そのことが子どもたちの傷つきにつながることもしばしばあります。

　感覚過敏への支援としては、**環境調整や防衛手段をもつこと**が挙げられます。例えば、聴覚過敏では不快に感じる音を周囲が出さないよう配慮したり、防衛手段としてイヤーマフやノイズキャンセリングイヤホンなどが使用されることがあります。また、偏食などがあると、少しでも食べてほしいという思いが出てしまうことはよく理解できますが、無理せず好きなものを食べることで、食事の楽しさを伝えていくことが大切になります。そして、何よりも無理強いして食事嫌いにしてしまわないよう注意が必要です。

第
1
章
発達障害
とは？

第
2
章
かかわり

第
3
章
発達障害を取り巻く
さまざまな事情

第
4
章
さまざまな視点
による支援

第
5
章
ライフステージに
応じた支援制度

第
6
章
家族とも
つながり合うために

第
7
章
発達障害のある人への
支援事例

感覚過敏の種類と支援　図

感覚過敏の種類

嗅覚

特定のにおいが苦手　など

味覚
- 決まった味を好む
- 特定のメーカーのリンゴ ジュースしか飲まない
- 偏食とも関連　など

視覚
- 太陽がまぶしい
- 日当たりがよいと黒板が見えない
- 電球のチカチカが気になる など

聴覚
- 特定の音が苦手
- 些細な物音が気になる　など

触覚
- 軽く触れられるだけでびっくりする
- エアータオルの風が苦手
- 特定の素材の洋服しか着られない　など

感覚過敏の支援の基本

① その子どもにとって不快な感覚が少なくなるように環境調整をする

例　**聴覚過敏**　不快な音の少ない環境になるよう周囲が配慮する

　　視覚過敏　カーテンをひいて光量の調節をする

② 防衛手段をもつ

例　**聴覚過敏**　イヤーマフやノイズキャンセリングイヤホンを用いる

　　触覚過敏　着られる素材のものを探す　　**嗅覚過敏**　あらかじめ好みのアロマを用いる

05

併存症

ASD・ADHDの併存症

　包括的なレビューによれば、ASD の54.8％には何らかの併存症がみられるといわれています。なかでも**不安症**の併存は多く、子どもの ASD の42％にみられるという報告もあります。このように ASD のある子どもの多くは不安を抱えていますが、その不安を言葉にすることが難しく、「落ち着きのなさ」や「かんしゃく」などとして表現されることもあります。その他の併存症としてはうつ病や強迫症、精神病性障害、摂食障害などが挙げられます。また、ASD においてはしばしば睡眠障害が併存し、中でも入眠困難がよくみられますので、赤ちゃんの頃からなかなか寝ついてくれず、養育者が育児に苦労することも多くなります。

　ADHD においても50 〜 70％に併存症がみられるといわれています。ASD と同様に不安症の併存が多く、ほかにもうつ病、双極性障害などが併存症として挙げられます。一方で、子ども自身はなかなか不安と抑うつを区別することは困難です。また、反抗挑発症や素行症なども思春期に至るにつれてしばしばみられ、睡眠障害やむずむず脚症候群なども ADHD でない子どもと比べて併存しやすいことが知られています。

発達障害の併存

　そして、発達障害においては**その他の発達障害との併存が多い**こともよく知られています。例えば、ASD の28 〜 52％程度には ADHD が併存するともいわれています。その他にも知的発達症、限局性学習症、発達性協調運動症、トゥレット症などさまざまな発達障害が併存するため、アセスメントには注意が必要となります。

発達障害の併存　図

発達障害はしばしば
重なることがあります

- 社会的コミュニケーションおよび対人的相互反応の障害
  ・言葉
  ・ジェスチャー
  ・人との関係　など

- 行動、興味または活動の限定された反復的な行動様式
  ・おもちゃを一列に並べる
  ・同じ食べ物にこだわる
  ・考えが柔軟ではない　など

- 知的発達症ではない
  ・読むことの困難
  ・書くことの困難
  ・算数の困難

限局性学習症
（SLD）

注意欠如・多動症
（ADHD）

自閉スペクトラム症
（ASD）

発達性協調運動症
（DCD）

- 不注意
  ・ケアレスミスが多い
  ・読書に集中できない
  ・宿題が最後までできない
  ・よく持ち物をなくす

- 多動および衝動性
  ・手足がよく動く
  ・高いところによく登る
  ・おしゃべりが止まらない
  ・横入りが多い
など

・不器用（物をよく落とす、物にぶつかる　など）
・運動の苦手さ（ハサミを使うことが苦手、書字が苦手、自転車が苦手　など）

第1章　発達障害とは？

第2章　発達障害の症状とかかわり

第3章　発達障害を取り巻くさまざまな事情

第4章　さまざまな視点による支援

第5章　ライフステージに応じた支援制度

第6章　家族ともつながり合うために

第7章　発達障害のある人への支援事例

06

不登校

▶ 学校の行きづらさ

　発達障害のある子どもたちは学校でしばしば苦労します。ASD のある子どもであれば、仲間づきあいの中での暗黙のルールがわかりにくかったり、自分と趣味の合う子どもをクラスの中でなかなか見つけにくかったり、好きなことを話し過ぎてしまったりして、友達関係を維持することが難しいこともあります。結果的に学校の中でよいことが見つけにくく、しばしば学校に行きづらくなります。

　ADHD のある子どもにおいても、不注意などから忘れ物が多くなりやすく、例えば班対抗「忘れ物ゼロ運動」などがクラスでなされると、周りから注意されることも多くなり、自分を大切に思う気持ちは損なわれやすくなります。また、感情のコントロールが苦手な子どもも多いことから、一緒に遊んでいる友達につい怒ってしまうこともあり、このような背景から学校で「居場所」をなくし、学校に行きづらくなることもしばしばあります。

▶ 「居場所」を見つける

　学校に行きづらくなった際に、子どもたちは学校での「居場所」を失うとともに、家庭の中でも居心地の悪さを感じます。そのような際に周囲の家族ができることは、休養を保障し、家庭が「居場所」として回復するように支援していくことでしょう。定型発達の子どもたちであれば、その過程でなんとなく学校に戻っていく子どもも多いのですが、ASD のある子どもの場合、「好き」であることや「自分にとって合理的」と思っていることが行動のモチベーションになることが多いため、**学校そのものにこだわりすぎず、本人が好んで出かけられる場所を探していく**ことも必要になるかもしれません。

不登校の3つの状態

1 学校に行かないが、家族とはおしゃべりするし、外出もできる

2 学校に行かない＆外出もしない。家族とはおしゃべりする

3 家族とも話さない。学校に行かないことに加えて外出も家族との交流もしない

支援で大切なことは、家族間のコミュニケーションがよくなり、
家庭が本人にとって居心地のよい「居場所」になっていくこと

家庭を「居場所」にするためのコミュニケーション

家族が「今」「できそうな」コミュニケーションを考えてみましょう

1 毎日のあいさつはできる？

できないのなら
あいさつから
始めてみましょう

2 食べたいものは教えてくれる

好きなメニューを通じて
コミュニケーションが
増えていくとGood！

3 好きなもののことなら会話ができる

好きな遊び、
好きなことを通じて
コミュニケーションを
とってみましょう

4 好きなものに関して外出ができる

・本人の好きそうなこと
 で外出してみましょう
・できれば負荷の
 かからないことから

07

過剰適応と
カモフラージュ

■ ASDと過剰適応

　ASD のある人の中には、一見すると当たり前に生活できているように見えても、見えないところで周りの人が想像できないほどの努力をしている人がいます。例えば、思春期は友人関係で皆から外れないことや他者配慮が求められやすくなりますが、友人関係に馴染もうと、好きでもない音楽を聴き、その話を友人とするなど行き過ぎた努力をしてしまう ASD のある人もいるのです。そのような場合、周囲から見れば楽しく友人とおしゃべりしているように見えますが、本人の心理的な負荷は相当なものになり、メンタルヘルスの不調をきたすこともしばしばあります。

■ ASDとカモフラージュ

　過剰適応と類似の概念にカモフラージュがあります。カモフラージュは、ASD のある人が対人場面において、自身の社会コミュニケーションの困難を隠し（masking）、偽装する（camouflaging）することで社会に受け入れられようとする方略を指し、女性に多いといわれています。カモフラージュをしている人は、自分が他人からどう見えるかについて常に考え、身振り手振りを真似したり、他者の行動をよく見て、そのスキルの理解に努めたりしており、これが大きな心理的負荷、疲労となるのです。

　このように、「過剰適応」も「カモフラージュ」も、**本人にとっては大きなメンタルヘルスのリスクとなり得ます。**けれども、そのようにしている本人が悪いわけでは決してありません。そのような「過剰適応」や「カモフラージュ」をしなくても生活しやすいように、小さな頃から「適応」や社会スキルばかりを求めないことや、困ったときに相談しやすい人がそばにいてくれることなどが大切になるものと思われます。

第1章　発達障害とは？

第2章　発達障害の症状とかかわり

第3章　発達障害を取り巻くさまざまな事情

第4章　さまざまな視点による支援

第5章　ライフステージに応じた支援制度

第6章　家族ともつながり合うために

第7章　発達障害のある人への支援事例

過剰適応

- 日本の文化
- 個よりも組織！
- 自分よりも他人！
  のような振る舞いが好まれる文化

↓

- 社会規範に合わせる
- クラスの暗黙のルールに合わせる
- 友人関係の暗黙のルールに合わせる
- 会社の暗黙のルールに合わせる

カモフラージュ

「がんばらなくちゃ」「何とか合わせなくちゃ」と合わせるための方略

① ASDの中核的な症状を隠す（masking）ことでカモフラージュ
② 身振り手振りをコピーする
③ ほかの人をよく観察してコミュニケーションの方略を覚える

↓

外から見れば
一見よい感じに見えるけど……

内心は……

本当は違うこと
話したいのにな……
なんか疲れるな……

おはよー！
昨日のドラマ
よかったよね!!

無理に合わせていると
過剰適応の状態に

→

メンタルヘルスのリスクがアップ

・不安が強くなる
・抑うつ的になる
・疲れやすくなる

コラム 大人の発達障害

　大人の発達障害とはなんでしょうか？　子どもはだんだん大きくなり、大人になっていきます。小さな頃に発達障害と診断された子どもも、学童期、青年期を経て大人になっていき、社会に出ていきます。その中には、小さな頃は診断がついたものの、だんだん大人になるにつれてその特性が目立たなくなり、社会に出ている人もいますし、障害者雇用などの枠組みを利用して就労している人もいることでしょう。また、何らかの福祉サービスを利用しながら社会に出ている人もいるでしょうし、生活の支援が必要な人もいるかもしれません。

　ASD の場合、小さな頃に ASD と診断された子どもが就労に至り、そこでのコミュニケーションや対人関係に困難を抱え、離職を繰り返すうちにメンタルヘルスの不調を招いているといった事例などもあるでしょう。

　幼少期には周囲のサポートなどもありその特性が目立たなかった人が、就職や進学などで一人暮らしを始めることで、自分で考えて生活することや仕事上でのコミュニケーションや人間関係などに苦労をし、生きづらさを感じて発達障害を疑うこともあります。そして、それらの生きづらさからうつや不安などのメンタルヘルスの困難を抱え、医療機関を受診することで初めて背景にある発達障害が診断されることもあります。

　ADHD の場合にも、それまで診断を受けることがなかった人が、就労に至って忘れ物やミスの多さなどに気づき発達障害を疑ったり、職場でのうまくいかなさからメンタルヘルスの不調を抱えたりすることから医療機関を受診し、初めて背景にあるADHD が診断されることもあるでしょう。

　このように大人の発達障害には、①幼少期に発達障害の診断を受けたが現在はそのような診断を意識せず社会に出ている人、②幼少期に発達障害の診断を受け、大人になっても何らかの支援を受けている人、③大人になって生きづらさが顕在化し、初めて発達障害を疑って医療機関を受診する人、④大人になって生きづらさが顕在化し、

第1章 発達障害とは？

第2章 発達障害の症状とかかわり

第3章 発達障害を取り巻くさまざまな事情

第4章 さまざまな視点による支援

第5章 ライフステージに応じた支援制度

第6章 家族ともつながり合うために

第7章 発達障害のある人への支援事例

うつや不安などから医療機関を受診する人の背景に発達障害が認められる人という少なくとも４つの文脈があります。メディアなどで報じられる「大人の発達障害」は④に焦点があたりがちですが、この４つはそれぞれに必要とされる支援や配慮が異なります。

　①に当てはまる人は、もちろん支援や配慮は必要としていません。②に当てはまる人は、その人の特性に応じた環境的な配慮が必要とされます。もう少し具体的に言えば、就労環境であれ生活環境であれ、その人にとってわかりやすい環境を整備することが大切になります。また、他者に相談することが苦手な人もいるため、そのようなケースでは当事者と支援者をつなぐ相談しやすい人が必要になるものと思われます。

　③に当てはまる人には、適切なアセスメントが必要とされることは言うまでもありません。簡単なチェックシートで終わるのではなく、幼少期からの発達歴などの聴取が必ず必要になってきます。また、学生生活におけるクラブ活動や友人関係、恋愛関係、職場における上司や同僚との関係などの情報も必要となってきます。そして、これらのアセスメントを経たうえで診断や特性について説明がなされ、それに応じた支援方法が説明される必要があるでしょう。ASDのある人であれば、診断だけでなくその人にとってわかりやすい環境について説明するとともに、周囲（家族や職場の方）への心理教育が大切になります。なぜなら、そのような環境整備がなされることで、その人が自分の力を発揮しやすくなるからです。ADHDのある人であれば、本人や周囲への心理教育が大切であることは言うまでもありません。そのうえで、さらなる困難が続けば薬物治療も検討されると思います。

　④に当てはまる人においては、併存症に対する標準的な治療に加えて、背景にある発達障害の特性について診断と説明がなされ、③のようなその人に応じた支援方法が提案される必要があります。

第 3 章参考文献

- Souders,M.C., Zavodny,S., Eriksen,W., Sinko,R., Connell,J., Kerns,C.,Schaaf,R., Pinto-Martin,J., 'Sleep in Children with Autism Spectrum Disorder', *Current Psychiatry Reports*,2017 Jun;19(6):34.

- Souders, M.C., Mason, T.B., Valladares, O., Bucan, M., Levy, S.E., Mandell, D.S., Weaver, T.E., Pinto-Martin, J., 'Sleep behaviors and sleep quality in children with autism spectrum disorders', *Sleep*, 2009 Dec;32(12):1566-78.

- Cuomo, B.M., Vaz, S., Lee, E.A.L., Thompson, C., Rogerson, J.M., Falkmer, T., 'Effectiveness of Sleep-Based Interventions for Children with Autism Spectrum Disorder: A Meta-Synthesis.', *Pharmacotherapy*, 2017 May;37(5):555-578.

- Ren, J., Zhao, X., Su, C., Li, X., Zhou, J., 'ADHD in narcolepsy: A closer look at prevalence and ties', *Neuroscience & Biobehavioral Reviews*, 2023 Nov 28;156:105471.

- Liu, S., Yu, C., Conner, B.T., Wang, S., Lai, W., Zhang, W., 'Autistic traits and internet gaming addiction in Chinese children: The mediating effect of emotion regulation and school connectedness', *Research in Developmental Disabilities*, 2017,68: 122-130.

- Paulus, F.W., Sander, C.S., Nitze, M., Kramatschek-Pfahler, A.-R., Voran, A., von Gontard, A., 'Gaming Disorder and Computer-Mediated Communication in Children and Adolescents with Autism Spectrum Disorder', *Z Kinder Jugendpsychiatr Psychother*, 2020;48(2):113-122.

- Hossain, M.M., Khan, N., Sultana, A., Ma, P., McKyer, E.L.J., Ahmed, H.U., Purohit, N., 'Prevalence of comorbid psychiatric disorders among people with autism spectrum disorder: An umbrella review of systematic reviews and meta-analyses', *Psychiatry Research*, 2020 May;287:112922.

- Clemow, D.B., Bushe, C., Mancini, M., Ossipov, M.H., Upadhyaya, H., 'A review of the efficacy of atomoxetine in the treatment of attention-deficit hyperactivity disorder in children and adult patients with common comorbidities', *Neuropsychiatric Disease and Treatment*, 2017 Feb 3;13:357-371.

さまざまな視点
による支援

01
医学的な視点①
薬物療法で大切にしたいこと

薬物療法の前に大切な支援

　発達障害の支援において大切なことは薬物療法ではありません。発達障害の特性の現れ方はさまざまですので、①本人にどのような支援のニーズがあるのか、②その背景にはどのような障害特性があるのかについて考えたうえで、③本人にとって「自分を大切に思う気持ちを損なうことなく生活できる」環境を整備していくことが基本方針になります。発達障害のある人に何らかの苦手さがあったとしても、苦手な部分を伸ばし、定型発達に近づければいいというものではないのです。幼児期に行われる療育も、機能の向上のみを目指すものではありません。障害は個人と社会との間にあるため、「その子にとってわかりやすい」環境を整備し、その子が安心して生活できることを目指していくことも射程に入れる必要があるのです。学齢期であっても、個々の障害特性に応じた教育や支援を行いつつ、学校や家庭などにおいても障害特性に配慮した環境を整備し、本人が安心して教育を受けられ、生活できる環境を構築していく必要があります。

薬物療法の注意点

　薬物療法は、環境調整をはじめとする心理社会的な治療を続けても効果が不十分である場合に初めて検討されるものであり、最初から選択肢に入るものではありません。また、薬物療法を行うにあたっては、子どもにも親にもそのリスク・ベネフィットを十分に説明し、子どもや親の意向にも配慮しながら行う必要があります。決して、医療者や学校の教員などの意向で推し進められるものであってはなりません。また、発達障害のある子どもはしばしば副作用を上手に訴えられませんので、その点にも十分に留意する必要があります。

薬物療法の前に大切なこと　図

発達障害における「支援」ってなんだろう？

1
● 本人が何に困っているか？
● 本人が何を必要としているか？

うまく伝えられない
から怒られちゃうよ

何すればよいか
わからないよ

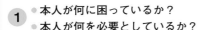

↓

2 これらがどのような障害特性から
来ているのか？

ASD?

ADHD?

↓

3 本人が必要としている環境調整を
考えていく

絵カードで今から
することを説明された
からすぐわかったよ！

靴のマークがあるから
靴はここに置けば
いいんだね！

薬物療法の注意点

1 薬物療法を始める前に

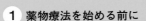

● 十分なアセスメントはなされている？
● わかりやすい環境が整備されている？
● 周囲の人たちは穏やかで落ち着いた対応をして
　いる？

2 実際に薬物療法を
始める際の注意点

①事前に子どもにも十分な説明を！
②子どもはあまり上手に副作用が伝えられない
　ことにも注意！
③効果がはっきりとしないまま続けない！

02

医学的な視点②
ADHD治療薬

■ ADHDの背景

　日本における ADHD の支援や治療においては、環境調整やペアレント・トレーニングなどをはじめとする心理社会的な治療が第一選択になります。それらを行っても効果が不十分である場合に薬物療法が検討されます。ただし、薬物療法を行うとしても、これらの心理社会的治療との併用が必要だといわれていますので、注意が必要です。

　ADHD の背景には実行機能や報酬系の障害があるといわれています。実行機能の障害があることで目標の設定や、計画の実行とそれに伴う適切な行動の選択ができにくくなります。また、ADHD においては遅れてくる報酬を待つことが苦手になりやすく、ついつい手近な報酬を選択しやすくなります。ですので、先に宿題を終えたらたくさんゲームができるという場面においても、すぐにゲームに手が伸びてしまうのです。

■ ADHD治療薬の使用

　実行機能の調整には神経伝達物質であるドーパミンとノルアドレナリン、報酬系にはドーパミンの働きが関与しているといわれていますので、ADHD 治療薬の多くはこれらの神経伝達物質に働きかけるものとなっています。日本においてはメチルフェニデート徐放製剤、アトモキセチン、グアンファシン、リスデキサンフェタミンの４つの製剤を使用することができますが、その日に効果が出るものもあれば、服用しつづけて初めて効果が出るものもあり、それぞれプロフィールが大きく異なりますので、**かかりつけ医とよく相談しながら本人の困りごとなどに合わせて使用していく必要があります。**

　ADHD 治療薬を使用することに関しては、ADHD の中核的な症状の改善が見込まれると同時に、交通事故のリスクや生活習慣の改善も期待されます。

ADHD治療薬の種類　図

一般名	メチルフェニデート徐放製剤	アトモキセチン	グアンファシン	リスデキサンフェタミン
製品名	コンサータ	ストラテラ	インチュニブ	ビバンセ
種類	中枢刺激薬	非中枢刺激薬	非中枢刺激薬	中枢刺激薬
作用機序	ノルアドレナリン・ドーパミンの再取り込み阻害	ノルアドレナリンの再取り込み阻害	アドレナリン受容体（α2A）刺激	ノルアドレナリン・ドーパミンの再取り込み阻害など
効果発現	服用した日に効果が出る	ゆっくり（ある程度の期間服用を続けて効果が出始める）	やや早い	服用した日に効果が出る
持続時間	半日	終日	終日	半日
主な副作用	食欲低下、不眠、頭痛	頭痛、眠気、吐き気	傾眠、血圧の低下、頭痛	食欲低下、不眠、頭痛
注意点	●夜間の不眠につながりやすいため午後の服用は避ける ●処方登録制度あり	併用薬に注意が必要	●併用薬に注意が必要 ●血圧に注意が必要	●夜間の不眠につながりやすいため午後の服用は避ける ●ほかのADHD治療薬が効果不十分な場合のみ使用 ●処方登録制度あり

第1章　発達障害とは？

第2章　発達障害の症状とかかわり

第3章　発達障害を取り巻くさまざまな事情

第4章　さまざまな視点による支援

第5章　ライフステージに応じた支援制度

第6章　家族ともつながり合うために

第7章　発達障害のある人への支援事例

03

医学的な視点③
非定型抗精神病薬

▶ **ASDと非定型抗精神病薬**

　ASD のある子どもや青年の治療に際して、リスペリドンやアリピプラゾールなどの非定型抗精神病薬の服用を勧められたり、「服用しているけど効果が出ているのかわからない」と思っている親御さんがいるかもしれませんね。では、これらの薬物療法は何に効果があり、何に効果がないのでしょうか？

▶ **非定型抗精神病薬の効果と副作用**

　ASD の中核的な特性としては対人関係や社会的なコミュニケーションが苦手であることが知られていますが、**非定型抗精神病薬を服用することで、対人関係のスキルが向上したり、ことばの発達が促進されたり、人とかかわりたい気持ちが増えるなどといった効果が出ることはありません。**

　一方で、ASD のある子どもは見通しがつかないことが苦手で、過敏性などからかんしゃくや自傷行為などを起こしやすいことが知られています。これらは「易刺激性」に含まれるものであり、**非定型抗精神病薬の服用により軽減される**ことが期待されます。

　非定型抗精神病薬の副作用としては眠気が多く、食欲の亢進や体重増加などにも注意をする必要があります。また、そわそわする、じっとしていられないといったアカシジアという副作用がみられることもありますが、アカシジアはもともとの落ち着きのなさと間違われやすいので注意が必要です。

　非定型抗精神病薬がターゲットにしている易刺激性は、自身が伝えたいことをうまく伝えられず起きていることも多いといわれていますので、本人がどのようなことを伝えようとしているのか検討することは何よりも大切です。

ASDと非定型抗精神病薬の関係

ASDの特性
● 見通しのもちにくさ
● 社会的コミュニケーションの苦手さ
● 感覚過敏などの特性
● ストレス状況に対する対処行動のとりにくさ

→ 気分の変わりやすさ

→ 情動制御の困難

→ 攻撃性

易刺激性
● 自傷行為
● イライラしやすい
● かんしゃく
● 怒りっぽい
● 物を壊す
● 他人をたたく

非定型抗精神病薬はここに働きかけることによって「易刺激性」を軽減します

ASDのある人が普段服用している薬の有効性

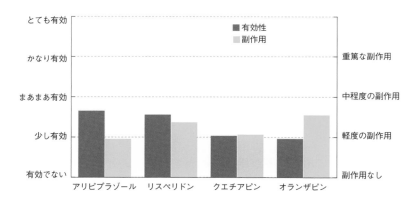

凡例：■ 有効性　□ 副作用

縦軸（左）：とても有効／かなり有効／まあまあ有効／少し有効／有効でない
縦軸（右）：重篤な副作用／中程度の副作用／軽度の副作用／副作用なし

横軸：アリピプラゾール　リスペリドン　クエチアピン　オランザピン

出典：Coleman,D.M., Adams, J.B., Anderson,A.L., Frye,R.E.,'Rating of the Effectiveness of 26 Psychiatric and Seizure Medications for Autism Spectrum Disorder: Results of a National Survey', *Journal of Child and Adolescent Psychopharmacology*,2019 Mar;29(2),pp.107-123を訳して使用

それぞれの薬に対して、グレーのバー（左）が有効性、黄色のバー（右）が副作用を示しています。この結果から、アリピプラゾールやリスペリドンなどがバランスがとれているといえそうです。けれども、個々の薬の副作用の発現には個人差が大きいこともわかっていますので、かかりつけ医とよく相談しながら使用していく必要があります。

第1章 発達障害とは？

第2章 発達障害の症状とかかわり

第3章 発達障害を取り巻くさまざまな事情

第4章 さまざまな視点による支援

第5章 ライフステージに応じた支援制度

第6章 家族ともつながり合うために

第7章 発達障害のある人への支援事例

04

医学的な視点④
抗てんかん薬

▌ 発達障害とてんかんの併存

　てんかんとは、大脳の神経細胞が過剰に興奮することでさまざまな発作症状を引き起こす慢性的な脳の疾患です。発作といえば、全身にけいれんが起こるものと思われがちですが、ほかにも身体全体がこわばってしまう発作や身体の一部が勝手に動いてしまう発作、話の途中で急にぼんやりしてしまう発作などさまざまなパターンがあります。

　発達障害の中でも、ASD はてんかんが併存しやすく、5 〜 38％にてんかんが併存することや、知的発達症を併存する ASD ではてんかんがより高率に併存しやすいことがよく知られています。また、小児てんかんの12 〜 17％に ADHD が併存することも知られています。このように発達障害とてんかんは併存しやすいのですが、その一部には共通の遺伝子の変異があることが示唆されています。

▌ てんかんの治療

　てんかんの治療には抗てんかん薬が用いられますが、てんかん発作のパターンに応じて、**薬剤の特性や相互作用を考慮しつつ慎重に薬物治療を行う必要があります**。そして、**副作用についても注意が必要になります**。また、てんかんの併存は本人にも周囲の家族にも心理的に大きな影響を与えますので、医療機関と生活の場である家庭や学校とが連携し、本人への心理的な支援を行っていく必要があります。

　また、実臨床においてはしばしば前述の「易刺激性」などに対してバルプロ酸やラモトリギンなどの抗てんかん薬が用いられることもありますが、その臨床的な効果についてはイライラに効果があったとするものもあれば、効果が認められなかったとする報告もあり、結果は一貫していませんので、推奨されるものではないといえます。

てんかん発作への周りの人の対応　図

1 落ち着いて行動する

2 横にして、周囲の危険物はよけておく

3 発作時に身体を押さえたり
ゆすったりしない

4 舌をかまないようにとタオルなどを
口につっこまない

5 けいれんが長時間続く場合や、意識が戻ら
ないうちに何度も続くようなら病院へ

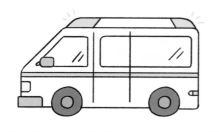

第1章　発達障害とは？

第2章　発達障害のかかわり

第3章　発達障害を取り巻くさまざまな事情

第4章　さまざまな視点による支援

第5章　ライフステージに応じた支援制度

第6章　家族ともつながり合うために

第7章　発達障害のある人への支援事例

05

医学的な視点⑤
併存する不安症やうつ病の治療に使われる薬

　発達障害のある子どもに多い併存症としては不安症とうつ病が知られています。不安やうつといった症状には脳内の神経伝達物質の一つであるセロトニンの機能低下が関係しているといわれています。

■ 不安症の治療

　子どもの不安症に対しては、軽度であればまず認知行動療法が行われることが推奨されており、ASD のある子どもにおいてもそれは同様です。薬物療法が選択される際の第一選択は SSRI（選択的セロトニン再取り込み阻害薬）と呼ばれる抗うつ薬ですが、その際にも**認知行動療法と併用することが望ましい**といわれています。そのほかの不安症に対する薬剤としては、ベンゾジアゼピン系と呼ばれる抗不安薬があります。ベンゾジアゼピン系の薬はリラックスなどにかかわる神経伝達物質である GABA にはたらきかけて不安を和らげる効果を出しますが、副作用として眠気やふらつき、依存や認知機能障害などが知られていますので、短期間の使用を前提とすることが望ましく、**子どもにはあまり推奨されません**。

■ うつ病の治療

　併存するうつ病の治療においても、軽症から中等症である場合には心理教育や認知行動療法などが優先され、そのような**心理社会的な治療で十分な効果が得られない場合にSSRI による薬物療法が検討されます**。古いタイプの薬剤である三環系抗うつ薬や四環系抗うつ薬に関しては、子どものうつ病に対して有効性が示されていません。

不安症やうつ病の治療に使われる薬　図

	成分名	注意点
抗不安薬 （ベンゾジアゼピン系）	ロラゼパム、ジアゼパムなど	● 眠気、ふらつき、認知機能障害などの副作用がある ● 依存に注意が必要 ● 子どもには推奨されない
三環系抗うつ薬	アミトリプチリン、クロミプラミンなど	● 便秘や口渇、尿閉などの副作用が強い ● 子どもへの有効性はない
四環系抗うつ薬	ミアンセリンなど	子どもへの有効性はない
SSRI	セルトラリン、エスシタロプラム、フルボキサミン、パロキセチンなど	● セロトニンにはたらきかける ● うつ病だけでなく、不安症の治療にも用いられる ● アクチベーションシンドロームに注意が必要

SSRIの副作用としては、吐き気やアクチベーションシンドロームがよく知られています。アクチベーションシンドロームとは抗うつ薬の使用（もしくは増量）後にみられる不安やイライラ、衝動的な行動やアカシジア（そわそわしてじっとしていられない）などといった症状を指します。子どもへのSSRIの処方では特に注意が必要です。

第1章　発達障害とは？

第2章　発達障害のかかわり

第3章　発達障害の症状とさまざまな事情

第4章　さまざまな視点による支援

第5章　ライフステージに応じた支援制度

第6章　家族ともつながり合うために

第7章　発達障害のある人への支援事例

06
医学的な視点⑥
併存する睡眠障害の治療に使われる薬

▶ 発達障害と睡眠障害

　ASD のある子どもの多くには睡眠障害がみられ、なかでも**概日リズム睡眠・覚醒障害**は多く認められます。概日リズム睡眠・覚醒障害とは、体内時計のリズムが24時間のリズムに合わせられなくなり、望ましいタイミングで寝起きできなくなった結果、社会活動に参加することが難しくなった状態をいいます。また、ASD のある子どもは同じルーティンをこなさないとなかなか寝ることができず、感覚過敏が睡眠に影響することも多くあります。睡眠障害があると日中の感情も不安定になりやすく、周囲の家族のメンタルヘルスも損なわれやすくなります。

　ADHD のある子どもでもその半数以上に睡眠障害が認められます。なかでも、入眠困難や概日リズム睡眠・覚醒障害が多く認められます。また、横になると脚などに不快感が出現するむずむず脚症候群の併存も多いといわれています。また、ADHD のある子どもはついついゲームがやめられず夜更かししてしまうこともあります。

▶ 併存する睡眠障害の治療

　発達障害に併存する睡眠障害に関しては薬物療法以前に、朝の太陽を浴びる、夜のカフェインを控える、寝る直前のスマートフォンの使用などを控える、夜の照明は明るくしすぎないといった**睡眠衛生指導を行うことが大切になってきます。**薬物療法としては、最近では、睡眠リズムにかかわるホルモンであるメラトニンやメラトニンの受容体にはたらきかける薬（ラメルテオン）や睡眠・覚醒のスイッチングにかかわるオレキシン受容体にはたらきかける薬（スボレキサントやレンボレキサント）が使われることがあります。

第1章　発達障害とは？

第2章　発達障害の症状とかかわり

第3章　発達障害を取り巻くさまざまな事情

第4章　さまざまな視点による支援

第5章　ライフステージに応じた支援制度

第6章　家族ともつながり合うために

第7章　発達障害のある人への支援事例

	成分名	特徴
ベンゾジアゼピン系の睡眠薬	トリアゾラム ブロチゾラム フルニトラゼパム など	● 日中の眠気やふらつきに注意 ● 依存に注意 ● 子どもの場合、脱抑制がみられやすいのであまり使われない
メラトニン	メラトニン	● 夜間に分泌される睡眠と関連するホルモン ● 分泌のタイミングは朝、強い光を浴びることで決まる ● 睡眠・覚醒リズムと関連 ● ASDやADHDのある子どもの入眠障害に対する治療薬として安全性・有効性が確認され、承認されている
メラトニン受容体作動薬	ラメルテオン	● 体内時計のリズムを整えているメラトニンの受容体にはたらきかけることで睡眠を促す ● 依存性は少ない ● 悪夢などの副作用は少ない
オレキシン受容体拮抗薬	スボレキサント レンボレキサント	● 覚醒の維持やレム睡眠の抑制に関与 ● オレキシンの受容体を邪魔することで自然な睡眠を促す ● 夢を見ることが多くなることや悪夢などの副作用がある（レム睡眠との関連）

07
発達支援の視点①
発達支援で大切にしたいこと

発達支援とは何か

　発達支援とは、**障害のある子ども、またはその可能性のある子どもが地域で育つ際に生じるさまざまな課題を解決していく努力のすべて**を指し、子ども個人に対する直接の発達支援、その家族への支援、そして、子どもと家族が地域で彼ららしく生活できるための地域支援を包含した概念です。

発達支援で大切にしたいこと

　そもそも「障害」とは何でしょうか。現在の社会では「盲」は視覚障害とされますが、もし世界中の人が盲であれば、「盲」の状態が「障害」とされることはないでしょう。それは、誰も自力では空を飛べないので、人間が空を飛べないことが障害にならないのと同じです。つまり、現在「障害児者」とされているのは、この社会の中で絶対的に少数派であるために、多数派の社会の中で生きていくためには、プラスアルファの手立てがないと生きづらい人たちを指すという側面があります。

　発達支援というと、どうしても個人の発達の遅れや偏りを訓練で通常に近いものにしていく、つまり個人を変えるということだと思われがちです。しかし、ほかの人と違う発達の様相をもつ個人が、自身に誇りをもって、その人らしく社会でほかの人たちと共に生きていくことを目指すことですから、**周りが変わることも大切なのです**。発達支援を考えるときに、「多数派に合わせさせる」という方向に偏っていないか、常に確認する必要があります。

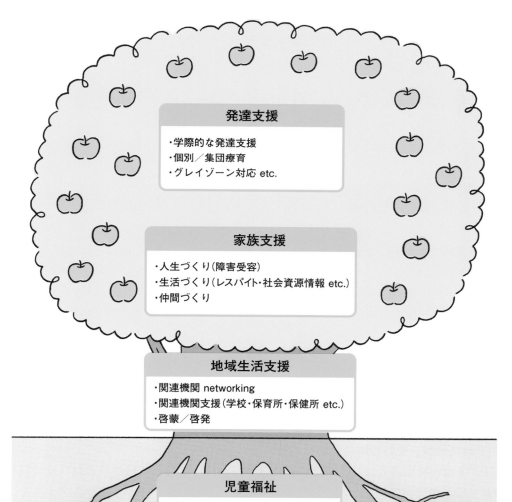

発達支援
- 学際的な発達支援
- 個別／集団療育
- グレイゾーン対応 etc.

家族支援
- 人生づくり（障害受容）
- 生活づくり（レスパイト・社会資源情報 etc.）
- 仲間づくり

地域生活支援
- 関連機関 networking
- 関連機関支援（学校・保育所・保健所 etc.）
- 啓蒙／啓発

児童福祉
- 児童福祉法
- 少子化対策
- 次世代育成支援事業 etc.

出典：加藤正仁「第1部 発達支援の意味と役割 1.1 発達支援の意味と課題」加藤正仁・宮田広善監修、全国児童発達支援協議会（CDS JAPAN）編集『発達支援学 その理論と実践 育ちが気になる子の子育て支援体系』協同医書出版社、P.9、2011.

第1章 発達障害とは？

第2章 発達障害の症状とかかわり

第3章 発達障害を取り巻くさまざまな事情

第4章 さまざまな視点による支援

第5章 ライフステージに応じた支援制度

第6章 家族ともつながり合うために

第7章 発達障害のある人への支援事例

08

発達支援の視点②
発達のアセスメント

▶ 発達のアセスメントとは何か

　子ども個人の発達支援を開始する際には、その子どもの支援ニーズをとらえることが大切です。そのためには、さまざまな視点からのアセスメントが必要になります。

　アセスメントとは、調査をして必要な情報を集め、対象を正しく評価することです。発達のアセスメントとしてよく知られているものの一つに「発達検査・知能検査」がありますが、これはあくまでも心理職が心理検査というツールを使って発達や知的機能の様相を大まかにとらえるものであって、検査結果だけではアプローチできない発達状況もたくさんあります。ですから、個人の発達支援を始めるときには、発達検査・知能検査以外にも、理学療法士、作業療法士、言語聴覚士、視能訓練士等の多職種がそれぞれの専門性をもって子どもの発達状況のアセスメントを行い、それらの**データを持ち寄って多角的に子どもの発達像を描く努力**をします。

▶ アセスメントを行う際に大切なこと

　子どもは日々成長しているので、アセスメントは1回行って終わりではなく、日々の発達支援の中で適宜行いながら進めていく必要があります。また、アセスメントとは子どもを「〇〇の傾向がある」と第三者的にとらえるだけではなく、**その子どもの目線に立ち、子どもがどのように自己と外界をとらえ、どのようにアプローチをしようとしているのかを明らかにする**ことが、究極の目標になります。

職種間の連携ができていない場合の例

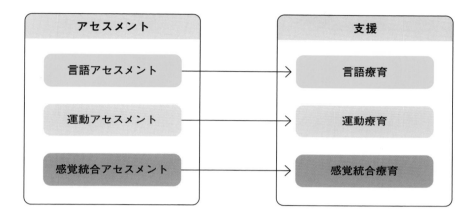

チームアプローチによる支援の例

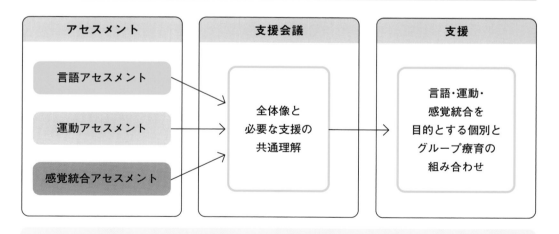

チームでアセスメントした情報を持ち寄って支援会議を開き、全体像を描く。それに基づいて家族とも十分相談のうえ、支援ニーズの優先性を定め、個別支援計画を作成。それを共通理解して発達支援が始まる。

出典：市川奈緒子「第1部 発達支援の意味と役割 1.5 アセスメントとチームアプローチ」加藤正仁・宮田広善監修、全国児童発達支援協議会（CDS JAPAN）編集『発達支援学 その理論と実践 育ちが気になる子の子育て支援体系』協同医書出版社、P.44、2011.

第1章　発達障害とは？

第2章　かかわり

第3章　発達障害を取り巻くさまざまな事情

第4章　さまざまな視点による支援

第5章　ライフステージに応じた支援制度

第6章　家族ともつながり合うために

第7章　発達障害のある人への支援事例

09

発達支援の視点③
園や学校と発達支援機関との協働：コンサルテーション

▶ コンサルテーションとは

　子どもの成長発達にとって、家庭と同様に大きな役割をもつのが、保育所・幼稚園・学校という、子どもが過ごし、遊び、学ぶ場です。それらはすべて集団生活であるため、保育者や教員が、ほかの子どもと異なる発達の様相をもつ子どもの気持ちをとらえがたかったり、保育や教育の中での対応に迷ったりすることが多く出てきます。

　そこで、その子どもについての理解や、適切な環境や対応について、発達支援を担当する立場の人間が保育者、教員と共に考えるのが、コンサルテーションです。

▶ コンサルテーションを行うときの留意点

　コンサルテーションを受ける保育者や教員の立場としては、対象となる子どもの保育や教育に日々苦心している現実があります。その中で、「この子のせいで」という否定的な思いを抱いたり、そうした思いに保育者・教員自身が苦しんでいることは珍しくありません。コンサルテーションに入る発達支援の職員としては、「正しい対応の仕方」を提示する前に、保育者・教員の日々の努力に敬意をもちながら、どうやったら保育者・教員が対象の子どもの思いに近づけるのか、子どもの味方になってくれるのかを模索することになります。まずは、**発達支援の職員自らが保育者・教員の味方になる努力をすることが必要**です。また、有用な現状分析のためには、**対象の子どもと共に、保育者・教員を含めたクラスや組織全体のアセスメントも重要**です。

第1章 発達障害とは？

第2章 発達障害の症状とかかわり

第3章 発達障害を取り巻くさまざまな事情

第4章 さまざまな視点による支援

第5章 ライフステージに応じた支援制度

第6章 家族ともつながり合うために

第7章 発達障害のある人への支援事例

園におけるコンサルテーションのアセスメントのポイント 図

☑ 対象となる子どもの様子(子どもの得意／不得意、不安、活動、能力を発揮できているか)

☑ 保育方針、保育内容、保育の方法、活動の流れ

☑ 園とクラスの物理的な環境(空間の大きさ、玩具・教具の内容と量、子どもの動線、環境のわかりやすさ(例:情報の量とその整理の仕方)等)

☑ 保育者同士の連携

☑ 保育者と子どもたちとの関係性

☑ 保育者と対象となる子どもとの関係性

☑ 子ども同士の関係性、遊び方、コミュニケーションの取り方、子どもたちのルール等

☑ 他児と対象となる子どもとの関係性、他児とどのようにかかわっており、他児からどのように受け取られているのか等

☑ 管理職と担任保育者との関係性、考え方等

☑ 保育者と保護者との関係性(保育者より聴取)

10 発達支援の視点④
さまざまな支援技法：ABA（応用行動分析）

支援技法とは

個人を対象にした発達支援にはさまざまな技法があります。ここではその中のごく一部を紹介しますので、その他の技法についても調べてみてください。

技法によってやり方や目的が異なるため、子ども一人ひとりの発達支援ニーズに応じて適用される技法は当然違ってきます。ですので、どの子どもにも適用される技法というものはありません（P.83「①ひとつの支援方法・技法をどの子どもにも適用する」参照）。まずは子どもの発達支援ニーズをアセスメントして、ニーズに応じて適用する技法を選びます（P.83「②子どもと家族のニーズに合わせて技法を選ぶ」参照）。**数多くの技法に精通することによって、その子どもに合った技法を選ぶことができます。**

ABA（応用行動分析）

ABA（応用行動分析）とは、子どもの行動を前後の状況から分析して、行動の原因やきっかけを理解し、対応する技法です。 大きく分けると、不適切な行動を消去する方法と、適切な行動を教えていく方法があります（P.83「③応用行動分析」参照）。この技法の有効な点は、子どもが問題行動といわれるものを行った場合、その行動を「子どもの障害のせい」にしたり、「家庭での対応のせい」にしたりせず、その行動が起こっている場・環境（人的要因・物的要因）との相互作用であるとみなすことです。このことにより、場や環境や対応を変えることで、子どもが問題行動を起こさなくてもよくなったり、より適切な行動を学んだりすることができます。

さまざまな支援技法：ＡＢＡ（応用行動分析）　図

①ひとつの支援方法・技法をどの子どもにも適用する

ある支援技法

子どもA　　子どもB　　子どもC

②子どもと家族のニーズに合わせて技法を選ぶ

子どもと家族

ニーズA　　ニーズB　　ニーズC
優先順位が高い

支援技法A　　支援技法B　　支援技法C

①・②出典：市川奈緒子「第5章　さまざまな支援技法」市川奈緒子・岡本仁美編著『発達が気になる子どもの療育・発達支援入門　目の前の子どもから学べる専門家を目指して』金子書房、P.83、2018年

③応用行動分析

先行事象　→　子どもの行動　→　後続事象

例1　不適切な行動の消去

| 先行事象 | 授業がわからず退屈だ | 子どもの行動 | 大声をあげる | 後続事象 | まわりの注目を浴びてうれしい |

→先行事象を「子どもがわかる授業の工夫」、後続事象を「大声に注目しない」に変えることで子どもの不適切な「大声をあげる」行動を減らしていく

例2　適切な行動を教える

| 先行事象 | なし | 子どもの行動 | 挨拶できない | 後続事象 | なし |

→先行事象を「「こんにちは」とモデルを見せる」、後続事象を「挨拶できたことをほめる」とすることで、子どもが「挨拶をする」という行動を獲得できる

第1章　発達障害とは？
第2章　発達障害の症状とかかわり
第3章　発達障害を取り巻くさまざまな事情
第4章　さまざまな視点による支援
第5章　ライフステージに応じた支援制度
第6章　家族ともつながり合うために
第7章　発達障害のある人への支援事例

11

発達支援の視点⑤
さまざまな支援技法：SSTとTEACCHプログラム

▶ SSTとは

　子どもは本来、人とのやりとりの仕方や社会的なルールを、園や学校等の集団生活の中で観察したり経験しながら学んでいきます。そうした場ではなかなか学ぶことが難しい、ASD の診断はなくてもその傾向のあるような、社会性に困難のある子どもたちのために、個別や小集団で構造化された環境の中で必要なルールの理解やスキルの獲得を目指すのが、SST（ソーシャルスキルトレーニング）です。**SST で獲得されたスキルを実生活でも使えるように、家族や保育者・教員と連携することが求められます。**

▶ TEACCHプログラムとは

　TEACCH プログラムは、一つの発達支援技法というよりは、プログラムが始められた1970年代以降、社会の自閉症への見方を転換させ、自閉症のある人たちが自身の文化を大切にしながら、地域社会のなかで彼ららしく一生涯生きていけるための、アメリカ・ノースカロライナ州を挙げて行われた社会運動であり、研究でもありました。日本では、視覚的構造化だけが取り上げられることが多く、絵カードやスケジュールボードなどで子どもたちの行動をスムーズに移行させるものと勘違いされている向きもあります。

　TEACCH プログラムはあくまでも本人の主体性を大切にするので、絵カードやスケジュールボードも、子どもの行動を縛るものではなく、子どもが周りの情報を整理した状態で受け取り、状況を理解して安心して行動、生活するために使われるべきものです。

さまざまな支援技法：SSTとTEACCHプログラム　図

絵カード

適切な意見の例の絵カード

適切な行動の例の絵カード

SSTでは、トレーニング効果を高めるようなさまざまなグッズ・ツールが使われる。

出典：市川奈緒子「第5章　さまざまな支援技法」市川奈緒子・岡本仁美編著『発達が気になる子どもの療育・発達支援入門　目の前の子どもから学べる専門家を目指して』金子書房、P107、2018年を一部改変

TEACCHプログラムの概要：生涯を通した支援（地域全体を理解者に変えていく）

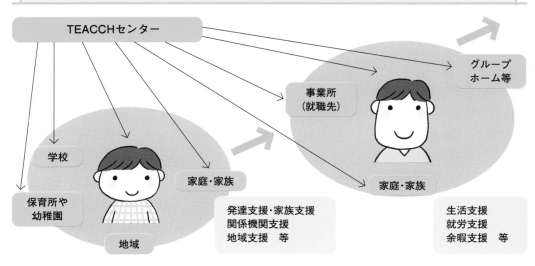

第1章　発達障害とは？

第2章　発達障害の症状とかかわり

第3章　発達障害を取り巻くさまざまな事情

第4章　さまざまな視点による支援

第5章　ライフステージに応じた支援制度

第6章　家族ともつながり合うために

第7章　発達障害のある人への支援事例

12 社会・文化的な視点①
自分の「当たり前」を見直す

▶ 多数派と少数派

　多数派とは、「全体を二つに分けて、所属者・支持者が多数を占めるグループ」を意味します。例えば、一般に左利きの人は人口の約1割といわれ、少数派です。左利きの人に生活上の難しさを聞くと、「ハサミが使いにくい」「横書きノートを使うと鉛筆で手が真っ黒になる」など、「右利きを基準として作られた社会や状況」に由来する内容が挙がります。これらは、多数派である右利きの人には、想像のつきにくいことかもしれません。同様に発達障害のある子どもに対して感じる「難しさ」は、実は**多数派が作る「前提」ゆえに、生み出されていることも多くあるのです。多数派に属しているときこそ、少数派に意識を向け、実際の声を聞き、その世界を想像することが大切です。**

▶ 「当たり前」を見直す

　例えば、「会話をするときは人の目を見る」「みんなと仲良くする」といった多数派の「当たり前」は、少数派となる発達障害のある子どもを苦しめることも少なくありません。これらの行動は、周囲の大人や学校等から「よいこと」として伝えられたり、褒められたりする中で、当たり前で価値のあることとして個人の中で認識されることが多くあります。「●●するのは△△として当たり前」以外が認められない場では、それに沿わない行動が「悪いこと」として認識されやすくなります。

　しかし、「みんなと仲良くする」ことは、一人で自分らしく過ごすことよりも本当によいこと、価値あることでしょうか。発達障害のある子どもとのかかわりで難しさを感じたとき、多数派の「当たり前」の押しつけになっていないかを見直すことも、大切にしたい視点です。

第 1 章　発達障害とは？

第 2 章　発達障害のかかわり

第 3 章　発達障害の症状とさまざまな事情

第 4 章　さまざまな視点を取り巻く による支援

第 5 章　ライフステージに応じた支援制度

第 6 章　家族ともつながり合うために

第 7 章　発達障害のある人への支援事例

多数派と少数派

同じ人でもおかれた立場によって……

少数派　　　　　　　　　　　　　　　多数派

多数派　　　　　　　　　　　　　　　少数派

「当たり前」を見直す

価値の違いがある？

 ＜

？

「コミュニケーション」もいろいろある

13

社会・文化的な視点②
リフレーミング

● リフレーミングとは

コップに水が半分入っている状態に対して、「コップに半分しか入っていない」ととらえる人もいますし、「コップに半分も入っている」ととらえる人もいます。すなわち、同じ物事に対して、人はプラスにもマイナスにも捉えることができるといえます。

心理学では、物事へのまなざしを「フレーム」、物事の状況や内容を別な枠組みでとらえ直すことを「リフレーミング」と呼びます。元々、家族療法や短期療法で用いられている技法で、ネガティブな表現で語られることの多い言動に対して、感じ方や解釈を見直して、別のフレームからとらえ直すという意味があります。コップの例でいえば、「しか」を「も」にとらえ直すということです。リフレーミングできるものとして、状況や事象、行動、内面や性格が挙げられます。確固たるフレームをもっていることは、自信にもつながり大切なことです。一方で、**考えが行き詰まったときには、今のフレームから離れて新しい見方をしてみる**ことで、今を打開し次へつながる可能性が広がります。

● 子どもの姿をリフレーミングする

発達障害のある子どもと出会ったとき、その子の行動がネガティブに映ることもあるかもしれません。子どもの姿を**ネガティブにとらえることが多くなったときは、自身の子どもをとらえるフレームを意識的に見直してみることもお勧め**です。例えば「落ち着きがない」子どもの姿は、「活発的である」「こまめに動く」「労を惜しまない」などととらえ直すことができます。リフレーミングすることで、その子に対する受け止め方や感じ方が変わってくるだけでなく、もっているよさや魅力が活かせる状況を作り出すヒントにつながるかもしれません。

リフレーミングの例

曖昧さが伝わりにくい
空気を読むのが苦手
興味関心の幅が狭い
●●できないのね……
外に出ちゃった
言っても通じない

具体的であれば伝わる
どこでも平常心
関心事への理解が深い
●●に少しでも取り組めたね
(出る前は)がんばって部屋にいられたね
目で見てわかるものは伝わる

子どもの姿をとらえ直す

Aちゃんが、「●●しない」「△△できない」「落ち着かない」……どうにかしないと……。(どうにもならず)疲れる……

Aちゃんが、「少しだけ●●した」「△△は難しいけれど◇◇はがんばっていた」「落ち着きなく過ごしながらも☆☆には目を向けていた」次はどうかな？

第1章 発達障害とは？
第2章 発達障害の症状とかかわり
第3章 発達障害を取り巻くさまざまな事情
第4章 さまざまな視点による支援
第5章 ライフステージに応じた支援制度
第6章 家族ともつながり合うために
第7章 発達障害のある人への支援事例

14

社会・文化的な視点③
好きや得意に着目する

▌「好き」は大きな原動力

　人の行動を考える視点の一つに「モチベーション」があります。モチベーションとは、障害の有無にかかわらず何かに向かって行動を起こさせ、その行動を持続させる過程やその機能を指し、「好き」と強いつながりがあります。発達障害のある子どもへのかかわりでは、好きではないことをがんばって身につけさせようとするよりも、**好きを広げ深める中で少し苦手なことにも挑戦する姿を応援する**ほうが、結果的に目指す行動の習得へつながる場合もあります。

　一方、発達障害のある子どもは、「好き」に徹底的にのめり込み、周囲に「こだわり」ととらえられることがあります。こだわりは、安全で人の迷惑にならないものであれば、否定せずに付き合っていくことで、子どもの安心やほかの行動への原動力にもつながります。こだわりだからダメ、ではなく、**こだわりとの付き合い方が肝心です。**

▌得意が十分保障されることで自信につながる

　人には、得意不得意があります。支援の場では、その子の得意が十分に発揮できる環境を保障することが重要です。不得意なことは、そもそも自分でコントロールすることが難しいものです。一方、**得意なことは**、自分が主導権を握ることができるだけでなく、**過ごす時間の充実や幸福感の増大につながります。**

　また、得意なことをより充実させたいと願うときは、漠然と「上手になる」「できるようになる」ではなく、「●●の部分をよりリアルに表現したい」「あと●個覚えたい」など具体的でイメージしやすい目標をもつことができます。そのため、達成に向けた具体的な行動に移すことができ、達成されたら自信にもつながり好循環を生み出します。

好きなものから行動が広がる

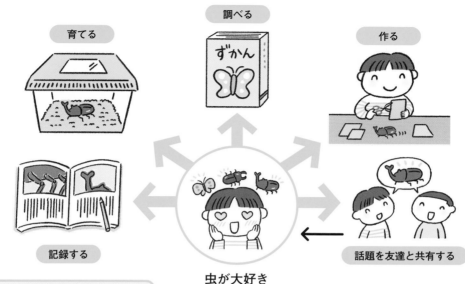

育てる

調べる

ずかん

作る

記録する

虫が大好き

話題を友達と共有する

自信を育むことの大切さ

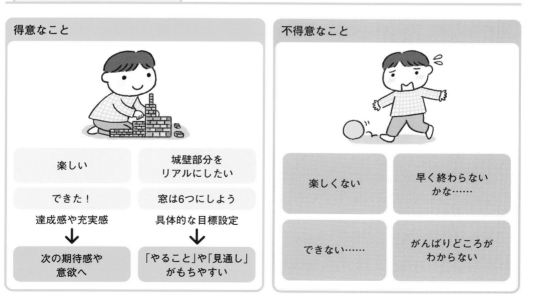

得意なこと

楽しい	城壁部分を リアルにしたい
できた！	窓は6つにしよう
達成感や充実感	具体的な目標設定
↓	↓
次の期待感や 意欲へ	「やること」や「見通し」 がもちやすい

不得意なこと

楽しくない	早く終わらない かな……
できない……	がんばりどころが わからない

第1章 発達障害とは？

第2章 発達障害の症状とかかわり

第3章 発達障害を取り巻くさまざまな事情

第4章 さまざまな視点による支援

第5章 ライフステージに応じた支援制度

第6章 家族ともつながり合うために

第7章 発達障害のある人への支援事例

15 社会・文化的な視点④
漠然とした「わからなさ」にも付き合う

■ 「相手をすべて理解する」ことは不可能

発達障害のある子どもと向き合うときに、その姿の理由や背景を知りたい、理解したいと願うのは自然で大切なことです。理解しようとするとき、子どもを観察しながら「この子はこういうタイプ（型）かな」と何らかの型に当てはめつつ仮説を立てていく場合があるかと思います。その視点はもちろん必要ですが、血液型にも共通する通り、それぞれの型として示されている傾向にどの程度当てはまるのかは人それぞれです。また、元々発達には個人の中で凸凹がありますので、その子を理解しようとするときには凹（できない・難しい）部分だけではなく凸（できる・がんばっている）部分にも着目することが大切です。

一方、人は自分でさえ「すべてを理解する」ことは難しいものです。理解しようと努めつつも、その根底に「相手のすべてはわからない」という意識も必要となります。

■ 「わからなさ」を面白がる

「わからない」と見通しがもてず、不安にも駆られ、何らかの結論を出してスッキリさせたいという気持ちがはたらくこともあると思います。その気持ちを調整しつつ、「わからなさを含めて味わおうとする／面白がる」ことで、支援者や子どもにとって楽しい時間が紡げることにつながるかもしれません。「予想もつかない行動だったけれど、次はどう出てくるのかしら（ドキドキ・ワクワク）」「結局、どうしてかはわからないけど、●●したかったのね」など、判然としないわからなさを抱えつつ、でも一緒にその場を楽しんでしまうのです。もちろん疑問の解消にはなりませんが、場の雰囲気が明るくなり、その場にいる人にとってポジティブな時間として印象づけられるでしょう。

発達の「凸」にたくさん着目する

漫然としたわからなさを面白がる

第1章　発達障害とは？

第2章　発達障害の症状とかかわり

第3章　発達障害を取り巻くさまざまな事情

第4章　さまざまな視点による支援

第5章　ライフステージに応じた支援制度

第6章　家族ともつながり合うために

第7章　発達障害のある人への支援事例

16

社会・文化的な視点⑤
安心・安全を保障する

▶ どの子どもも大切にしたい心と身体の安心・安全

　アブラハム・マズローの「欲求5段階説」によれば、人の欲求は、「生理的欲求」「安全の欲求」「所属と愛の欲求」「承認欲求」「自己実現欲求」の5つの階層に分けられピラミッド状になっているといわれます。このうち3段階目となる「所属と愛の欲求」は、共に過ごしている集団等から疎外感や孤独感、違和感、孤立感などを感じないことへの欲求や、周囲の人と応答的に優しく包み込むもしくは情熱的な愛が交わされ満たされることへの欲求であるととらえられます。

　発達障害のある子どもも含めどの子どもも、身体を中心とした安心・安全が満たされると共に、過ごしている場所に自分なりの居場所がもてることや周囲から温かいまなざしが向けられることといった心の安心・安全が確保されることが大切です。発達障害のある子どもの行動が気になると感じたときに、障害による特性ゆえというよりは、先に挙げた人としての欲求が満たされていないことが背景にあることも想定されます。

▶ 安心・安全を保障するために

　心身の安心・安全を保障するためには、食べることや眠ることといった生理的欲求が満たされることや病気や事故など身の危険や恐怖を感じないこととともに、子ども一人ひとりが大人の温かいまなざしのもとで、「自分はここにいてよい」と思うことや「ありのままの自分でよい」と自己肯定感をもって過ごせることも大切です。今、支援をしている子どもにとって、その場に自分の居場所があるでしょうか。また、等身大のその子が受け止められているでしょうか。子どもの安心・安全を保障することが、共に生活するうえでの基盤となります。

マズローの欲求5段階説

- 自己実現欲求
- 承認欲求
- 所属と愛の欲求
- 安全の欲求
- 生理的欲求

安心・安全をどの子どもにも保障する

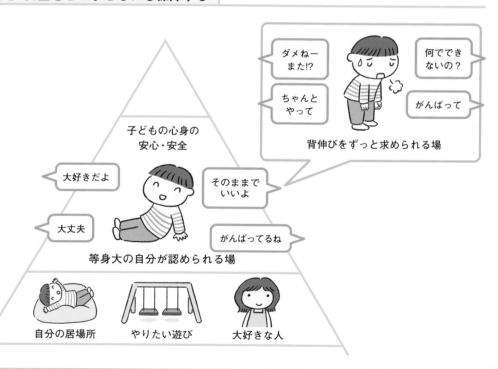

子どもの心身の
安心・安全

ダメねー
また!?

何ででき
ないの?

ちゃんと
やって

がんばって

背伸びをずっと求められる場

大好きだよ

そのままで
いいよ

大丈夫

がんばってるね

等身大の自分が認められる場

自分の居場所　　やりたい遊び　　大好きな人

第1章　発達障害とは?

第2章　発達障害の症状とかかわり

第3章　発達障害を取り巻くさまざまな事情

第4章　さまざまな視点による支援

第5章　ライフステージに応じた支援制度

第6章　家族ともつながり合うために

第7章　発達障害のある人への支援事例

17
社会・文化的な視点⑥
「楽しい」「面白い」を原動力に

▶「楽しい」「面白い」があるからこそ

　「楽しい」とは、満ち足りていて愉快な気持ちであることを指し、生きていくうえで**とても大事な感情です。**楽しさは、もちろん個人差や状況の違いはありますが、やる気や幸福感を得られるだけでなく、集中力がアップしたりポジティブで意欲的になったりするともいわれています。「楽しい」という感情は、自分の行動に対して達成感や自己肯定感を覚えたり、夢中になって取り組んだり、好奇心が満たされたりすることにより生まれます。

　そして、楽しさを生み出す鍵の一つが「面白い」です。面白そうだからやってみよう、初めはやる気がなかったけれどやってみたら面白さにはまったなどの経験は、楽しさに結びつきやすいことでしょう。発達障害のある子どもに対しても、**その子が面白いと思える要素をいかに盛り込むことができるのかはその場の活動に参加する鍵となります。**

▶かかわる大人も「楽しい」「面白い」を原動力に

　発達障害のある子どもとかかわる大人にも「楽しい」気持ちは共通して大切です。その子が楽しいと感じることを共有すること、楽しい活動をその子と一緒に行うこと、その子とのかかわりの中に楽しさを見出すことなどは、その子とポジティブな場面や感情の交流につながります。また、例えば発達障害のある子どもの姿に対して、大人がなかなか理解しにくいと思える場面でも、「そう（いう行動で）きたのね」「次はどう出るのかしら」などと子どもの姿を面白がりながら見ることができれば、ネガティブな感情の交流にはなりにくいのではないでしょうか。**発達障害のある子どもとのかかわりの中に、大人が「楽しい」や「面白い」を見出すことで、交流の質や内容が変わります。**

「楽しい」から広がる

集中力

幸福感

意欲

できた！

楽しい

なんだろう？

最高！

ポジティブな場面や感情の交流

楽しい！
先生も嬉しそう！

面白い発想だ！
次はどう出るのかな？

第1章　発達障害とは？

第2章　発達障害の症状とかかわり

第3章　発達障害を取り巻くさまざまな事情

第4章　さまざまな視点による支援

第5章　ライフステージに応じた支援制度

第6章　家族ともつながり合うために

第7章　発達障害のある人への支援事例

18
社会・文化的な視点⑦
味方を増やす

▶ 味方が増えると……

　人は、周りの人を支えそして支えられながら生きています。社会で過ごすときに難しさを感じやすい発達障害のある子どもにとって、味方はより大きな力になります。発達障害のあるその子への支援で手いっぱいになりそうですが、**味方を増やすという視点を含めながら支援を積み重ねていく**ことで、長期的には個別の支援にも変化が生じます。すなわち、周囲の子どもたちがその子の味方となり、仲間として受け入れ共に過ごす姿が増えることにより、その子を一人もしくは大人だけで支えるのではなく、子どもたちと共にみんなで支えあう生活へと、時間をかけながら移行していくことになります。

▶ 味方が増えるために……

　味方が増えるために、子どもたち一人ひとりが、今過ごしている場所に居場所があることが大切です。そして、自分の意見を言っても否定されない雰囲気も大事になります。

　発達障害のある子どもと過ごすときに、周囲の子どもから見ると「なんでだろう」「おかしい」「いや」などと感じ、それを率直に大人へ伝えることもあるかもしれません。そうしたときにも、まずは「そうなんだ」と受け止める姿勢をもちたいものです。そのうえで先生の思いも出しながら、子どもたち自身が、発達障害のある子どもとどのように付き合っていくかを考えられるように支えていくことが肝心です。また、周囲の子どもは自分が見たり接したりした経験からその子をとらえようとするため、狭い視野の中でとらえようとします。支える大人がその子の内面や得意なことなど、さまざまな面を意図的に伝えることで、周囲の子どもの意識にも変化が生じます。そこから**「この子とかかわってみたい」**気持ちの芽生えを丁寧に育むことが大切です。

第
1
章

発達障害
とは？

第
2
章

かかわり

第
3
章

発達障害を取り巻く
さまざまな事情

第
4
章

による支援
さまざまな視点

第
5
章

応じた支援制度
ライフステージに

第
6
章

つながり合うために
家族とも

第
7
章

支援事例
発達障害のある人への

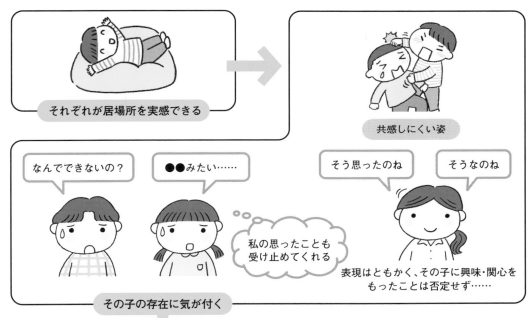

それぞれが居場所を実感できる

共感しにくい姿

なんでできないの？

●●みたい……

私の思ったことも
受け止めてくれる

そう思ったのね

そうなのね

表現はともかく、その子に興味・関心を
もったことは否定せず……

その子の存在に気が付く

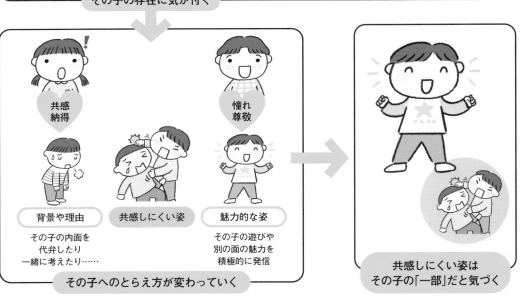

共感
納得

憧れ
尊敬

背景や理由

その子の内面を
代弁したり
一緒に考えたり……

共感しにくい姿

魅力的な姿

その子の遊びや
別の面の魅力を
積極的に発信

その子へのとらえ方が変わっていく

共感しにくい姿は
その子の「一部」だと気づく

コラム 「普通」ってなんだろう？

　突然ですが、皆さんは「転校生」になったことがありますか？　私は親の仕事の転勤で、幼稚園が1回、小学校が4回変わったので、合計5回、転校生になりました。その都度、「次に行く先はどんなところなんだろう？」と、とても楽しみで、いつもワクワクしていました。そんな話を周囲の人にすると、「普通はワクワクしないよね」「普通は嫌だよね」と言われることが多く、「普通ってなんだろう？」とその頃から思っていました。ちなみに、過去に何度か、別の人にこの話をしましたが、一度も「転校生って楽しいよね」と共感し合えたことがなく、そもそも「転校生」を経験した人が多くありませんでした。「転校生」自体が、「普通」ではないということなのかもしれません。この場合、「普通」というのは、「多数派」ということになるのでしょう。

　でも、このような感覚をもつ私は、むしろ「普通」ではないと言われると、嬉しくなります。ほかにも、以前、幼稚園教諭をしていたとき、集団行動が苦手な園児がいて、その子はなぜほかの園児が集まっているところに入ってこないのだろう？　と思い、しばらく様子を観察し続けていたことがあります。私は、その子を「集団の中に入らせよう」という気持ちには全くならず、むしろ「そんなに一人で遊べるなんて、すごいなぁ」と思っていました。その感覚が今の仕事にもつながっているのですが、あるベテランの先生に「普通は集団に入れることを優先しがちなのに、変わっているね」と言われ、勝手にほめ言葉をいただいたと思っています。

　私はこれまで、発達障害の傾向がある子どもに関する相談を数多く受けてきました。そのなかで、「皆と同じことができないうちの子は、普通じゃないのでしょうか？」と話す親御さんが多くいました。そこで、「普通ってなんだと思いますか？」と尋ねると、多くの方が、「え？」と戸惑います。「なぜそんなことを聞くのか？」と思われたのかもしれません。皆さんが思う「普通」には、それぞれ違いがありました。親御さんのさまざまな「普通」についてお話を伺うことも、とても興味深いです。例えば、自己主張の強い子どもをもつ親御さんは「もう少し普通におとなしくなってほしい」

と言う一方で、おとなしくて静かな子どもをもつ親御さんは、「もっと普通に活発になってほしい」と言います。この普通は、「平均」という意味合いがあるかもしれません。また、ある当事者は、「世間は普通を演じることを求められる場面が多くてつらい」と言いました。この場合の「普通」は「模範」ということになるでしょうか。

「普通」の行動というものが、多数派の人が無理せず楽にできる一方で、少数派の人にとっては、苦労して疲弊しながら合わせる行動を意味するのだとしたら……本当に「普通」ってなんだろう？　と思います。それはもはや「普通」とはいえません。

共生社会の重要性が語られるようになった今の時代。「いろいろな人がいて、さまざまな考え方があることが普通」「お互いの違いを尊重し合うのが普通」になったら、「普通っていいよね」と実感できるようになるのではないかと思います。

第4章参考文献

- 関正樹『小児科医・かかりつけ医に知ってほしい発達障害のこと』南山堂、2022.
- Coleman, D.M., Adams, J.B., Anderson, A.L., Frye, R.E,' Rating of the Effectiveness of 26 Psychiatric and Seizure Medications for Autism Spectrum Disorder: Results of a National Survey', *Journal of Child and Adolescent Psychopharmacology*, 2019 Mar;29(2):107-123.
- Levisohn, P.M, 'The autism-epilepsy connection', *Epilepsia*, 2007;48 Suppl 9:33-5.
- Reilly, C.J., 'Attention deficit hyperactivity disorder (ADHD) in childhood epilepsy', *Research in Developmental Disabilities*, 2011 May-Jun;32(3):883-93.
- 市川奈緒子『気になる子の本当の発達支援』風鳴舎、2016.
- 市川奈緒子・岡本仁美編著『発達が気になる子どもの療育・発達支援入門　目の前の子どもから学べる専門家を目指して』金子書房、2018.
- 加藤正仁・宮田広善監修、全国児童発達支援協議会(CDS JAPAN)編集『発達支援学　その理論と実践　育ちが気になる子の子育て支援体系』協同医書出版社、2011.
- Donald. A., 'SchönThe Reflective practitioner: How Professionals Think in Action', *Basic Books*, 1983.
- 広瀬由紀「園における特別な配慮を要する子どもを含めた幼児間の関わりと保育者のまなざしや配慮」『発達』第173号、87-93、2023.
- 広瀬由紀・太田俊己『気になる子、障がいのある子、すべての子が輝くインクルーシブ保育』学研教育みらい、2020.
- 岩田美保「幼児期の親密な仲間間の「おもしろい」・「楽しい」の感情言及機能：その関係構築に果たす役割に着目した発達的検討」『発達心理学研究』第30巻第1号、44-56、2019.
- 熊谷晋一郎「子どもの育ちとマイノリティ当事者の暮らし」『学術の動向』第26巻第11号、35-39、2021.
- 久保山茂樹「共生社会の担い手を育むためのインクルーシブな保育の実現」『発達』第173号、64-71、2023.
- Maslow, A. H., 'A theory of human motivation.', *Psychological Review*, 50(4), 370-396, 1943.
- 文部科学省「障害のある幼児と共に育つ生活の理解と指導」2023. https://www.mext.go.jp/a_menu/shotou/youchien/1341233_00002.htm
- 篠原直子「多様な育ちを支えるために：保育者の語りと保育実践からその営みを探る」『発達』第173号、80-86、2023.

ライフステージに応じた支援制度

01
すべての年代①
発達障害者支援センター

▶ 発達障害者支援センター

　発達障害児（者）および家族に対し、専門的に相談・助言を行い、発達支援および就労の支援等を実施するために、2002（平成14）年度より開始された「自閉症・発達障害支援センター」は、2005（平成17）年に発達障害者支援法が施行され、**発達障害者支援センター**として法律に位置づけられました。発達障害者支援センターは、発達障害児（者）への支援を総合的に行うことを目的とした機関で、都道府県・指定都市、または都道府県知事等が指定した社会福祉法人、特定非営利活動法人等が運営しています。

　発達障害児（者）とその家族が豊かな地域生活をおくれるよう医療、保健、福祉、教育、労働などの関係機関と連携し、地域支援のネットワークを構築しながら、発達障害児（者）とその家族からの相談に応じ支援を行います。

　なお、地域の人口規模や地域資源の有無、支援体制の整備状況などが異なる場合がありますので、相談・支援の内容については、お住まいの発達障害者支援センターに問い合わせてください。

▶ 発達障害者支援センターの役割

　発達障害者支援センターの役割には、**①相談支援、②発達支援、③就労支援、④啓発・研修**の４つがあります（右図参照）。

1　相談支援

発達障害児（者）とその家族、関係機関等からの日常生活に関するさまざまな相談などに応じる

➡ コミュニケーション、行動面で気になること、保育園や学校、職場での困りごとなど

2　発達支援

発達障害児（者）とその家族、周囲の人たちからの発達に関する相談に応じ、家庭での支援についてアドバイスする

3　就労支援

就労を希望する発達障害児（者）に対して、就労に関する相談に応じるとともに、公共職業安定所、地域障害者職業センター、障害者就業・生活支援センターなどの労働関係機関と連携して情報提供を行う

4　普及啓発・研修

講演会や研修会の開催、発達障害の特性や対応について解説したパンフレット、チラシの配布など、発達障害を広く理解してもらうための活動を行う

➡ パンフレットは相談支援機関や社会福祉施設、小中学校、幼稚園・保育所・認定こども園、一般企業などに配布

第1章 発達障害とは？

第2章 発達障害の症状とかかわり

第3章 発達障害を取り巻くさまざまな事情

第4章 さまざまな視点による支援

第5章 ライフステージに応じた支援制度

第6章 家族ともつながり合うために

第7章 発達障害のある人への支援事例

02

すべての年代②
発達障害者支援地域協議会

発達障害者支援地域協議会

　2016（平成28）年の**発達障害者支援法**の改正により、法の目的に、切れ目なく発達障害児（者）の支援を行うことが重要であることに鑑みることおよび**障害者基本法**の基本理念に則ることが規定されました。教育に関しては、可能な限りほかの児童と共に教育を受けられるよう配慮しつつ、**個別の教育支援計画**（長期的に一貫した支援が受けられるように教育関係機関と医療、保健、福祉、労働等の関係機関と連携・協力のもとに作成する）および**個別の指導計画**（一人ひとりの指導目標、指導内容および指導方法を明確にして、きめ細やかに指導するために作成する）の作成の推進が規定されました。

　そして、国および地方公共団体は、発達障害児（者）の支援に資する情報の共有を促進するために必要な措置を講じること、都道府県は、発達障害児（者）の支援の体制の整備を図るために、発達障害児（者）およびその家族、学識経験者その他の関係者ならびに医療、保健、福祉、教育、労働等に関する業務を行う関係機関および民間団体ならびにこれに従事する者などから構成される「発達障害者支援地域協議会」を置くことができるものとされました。

発達障害者支援地域協議会の機能

　発達障害者支援地域協議会は、関係者等が相互の連携を図ることによって、地域における発達障害者の支援体制に関する課題について**情報を共有**し、**関係者等の連携**の緊密化を図るとともに、地域の実情に応じた発達障害児（者）への**支援体制の整備**、その他必要な事項について、**協議**することを目的としています。

発達障害者支援地域協議会は年に2〜3回程度開催されており、その主な内容は以下のとおり。

1 自治体内の支援ニーズや支援体制の現状等を把握する。市町村の支援体制の整備状況や発達障害者支援センターの活動状況について検証する

2 発達障害者支援センターの拡充や、地域における発達障害児（者）の支援体制と社会参加を促す観点から、市町村や事業所への支援、医療機関との連携や困難ケースへの対応などを行う発達障害者地域支援マネジャーの配置、その役割の見直し等の検討を行う

3 家族支援やアセスメントツールの普及を計画する
- 家族支援
  ペアレント・トレーニング、ペアレント・プログラム、ペアレント・メンター等
- 当事者の適応力向上
  ソーシャルスキルトレーニング等
- アセスメントツールの導入を促進する研修
  M-CHAT（乳幼児期自閉症チェックリスト修正版）等

第 1 章　発達障害とは？

第 2 章　発達障害の症状とかかわり

第 3 章　発達障害を取り巻くさまざまな事情

第 4 章　さまざまな視点による支援

第 5 章　ライフステージに応じた支援制度

第 6 章　家族ともつながり合うために

第 7 章　発達障害のある人への支援事例

03

すべての年代③
精神障害者保健福祉手帳・療育手帳

▶ 精神障害者保健福祉手帳

　一定程度の**精神障害**の状態にあることを認定する手帳です。

①対象者：精神障害（てんかん、発達障害（自閉スペクトラム症（ASD）、注意欠如・多動症（ADHD）、限局性学習症（SLD）など）、うつ病、統合失調症など）があり、日常生活や社会生活に支援が必要で、初診日から６か月以上経過している人です。

②根拠：**精神保健及び精神障害者福祉に関する法律**に規定されています。

③等級：精神障害が重度のものから順に１級、２級、３級としています。

④申請：市町村の担当窓口（障害福祉課等）を経由して、都道府県知事または指定都市市長に行います。

▶ 療育手帳

　児童相談所または知的障害者更生相談所で、**知的障害**があると判定された人を対象とした手帳です。

①対象者：**知的障害があり日常生活や社会生活に支援を必要としている人**です。

②根拠：「療育手帳制度について」（厚生事務次官通知）に基づき、各自治体で要綱を定め運用しています。

③等級：日常生活に常時介護を要する程度のものを重度「Ａ」、それ以外を「Ｂ」としています。自治体によって最重度、重度、中度、軽度など、細かく区分しているところもあります。

④申請：市町村の担当窓口（障害福祉課等）を経由して、都道府県知事または指定都市市長に行います。

精神障害者保健福祉手帳・療育手帳の活用　図

精神障害者保健福祉手帳・療育手帳を持っていることで、さまざまな割引や支援を受けることができる。なお、手帳の種類や等級によって、受けられるサービスが異なる場合がある

NHK受信料の
減免

所得税の控除

住民税の控除

相続税の控除

公営住宅の
優先入居

駐車料金の
減額

公共施設の
入場料の割引

医療費の助成

自動車税・
軽自動車税の減免、
自動車取得税の
減免

鉄道、バス、
タクシー等の
運賃割引
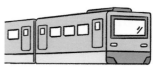

障害者雇用の
算定対象

遊園地や
テーマパークの
割引

携帯電話の
料金割引

第1章 発達障害とは？

第2章 発達障害の症状とかかわり

第3章 発達障害を取り巻くさまざまな事情

第4章 さまざまな視点による支援

第5章 ライフステージに応じた支援制度

第6章 家族ともつながり合うために

第7章 発達障害のある人への支援事例

04

すべての年代④

相談支援事業所

▶ 相談支援とは

　障害者の悩みや困りごとの相談に応じ、一緒に考え支援することを**相談支援**といいます。主に相談内容に関する情報提供や助言、必要な障害福祉サービスの利用につなげる支援や、関連機関との連絡調整などを行います。このような相談支援は**市町村の福祉窓口**のほか、**相談支援事業所**で行っています。

▶ 相談支援事業所

　相談支援事業所で提供している相談支援は、利用者からの相談内容によって**基本相談支援**、**地域相談支援**、**計画相談支援**、**障害児相談支援**に分けられます。

①基本相談支援：本人や家族からの障害福祉に関する幅広い相談に応じます。計画相談支援や地域相談支援、障害児相談支援へつなぐ起点になります。

②計画相談支援：障害福祉サービスを利用するための相談支援で、「サービス利用支援」と「継続サービス利用支援」があります。

③地域相談支援：障害者が地域で自立して生活するための相談支援で、「地域移行支援」と「地域定着支援」があります。

④障害児相談支援：障害児通所支援を利用するための相談支援で、「障害児支援利用援助」と「継続障害児支援利用援助」があります。

　相談支援の詳しい内容は右図を参照してください。

基本相談支援

地域の障害者等の福祉に関する種々の問題に対し、障害児・者、その家族からの相談に応じ、必要な情報の提供や助言、関係機関との連絡調整を行う

計画相談支援

サービス利用支援	サービスの利用申請に必要な「サービス等利用計画案」の作成や、サービスを提供する事業者との連絡調整などを行う
継続サービス利用支援	すでに利用しているサービスを見直す支援。一定期間ごとに「サービス等利用計画」を検証し、サービス等利用計画の見直しを行う

地域相談支援

地域移行支援	障害者支援施設や病院などを出て地域での生活を目指す障害者に対し、住居の確保や地域生活に移行するための活動に関する支援を行う
地域定着支援	地域で生活している障害者に対して、障害者と常時の連絡体制を確保し、緊急の事態が生じたときに必要な支援を行う

障害児相談支援

障害児支援利用援助	通所支援を利用する前に、障害児の心身の状況、本人または保護者の意向から適切なサービスの組み合わせを検討し「障害児支援利用計画案」を作成する。サービス利用が決定した際は、「障害児支援利用計画」を作成し、サービスを提供する事業所などとの連絡調整を行う
継続障害児支援利用援助	すでに利用している障害児通所支援について見直す支援。一定期間ごとに「障害支援利用計画」を検証し、サービス等利用計画の見直しを行う

第1章 発達障害とは？

第2章 発達障害の症状とかかわり

第3章 発達障害を取り巻くさまざまな事情

第4章 さまざまな視点による支援

第5章 ライフステージに応じた支援制度

第6章 家族ともつながり合うために

第7章 発達障害のある人への支援事例

05
すべての年代⑤
基幹相談支援センター

▶ 基幹相談支援センター

　障害者とその家族の相談窓口として、相談支援の中核的な役割を担う機関です。障害の種別（身体障害・知的障害・精神障害）や障害者手帳の有無にかかわらず、相談者に必要な支援などの情報提供や助言を行います。

　また、適切な支援を行うために、地域の関係機関と**連携**することも役割の一つです。**基幹相談支援センター**は市町村の設置とされ、市町村から委託された社会福祉法人やNPO法人等によっても運営されています。

▶ 基幹相談支援センターの役割

①**障害者の総合的・専門的な相談支援**

　障害の種別や各種ニーズに応じた総合的な相談支援を行います。また、対応が困難と判断されるケースの専門的な相談支援を実施します。

②**地域移行・地域定着への取り組み**

　障害者支援施設や精神科病院と連携し、障害者の地域生活への移行や定着に向けた支援を行います。

③**地域の相談支援体制の強化の取り組み**

　相談支援事業者に対して専門的な指導や助言、人材育成を行います。また、関連機関との連携強化への取り組みも行っています。

④**障害者の権利擁護・虐待防止**

　本人に代わって福祉サービスの利用契約や財産管理などを行う成年後見制度の利用実施を支援します。障害者虐待に関する相談窓口としても機能しています。

基幹相談支援センターの役割 図

「基本相談支援」と「地域生活支援事業の相談支援事業」の違い

特定相談支援事業所 一般相談支援事業所における 基本相談支援

計画相談支援等に 必要な範囲で行うもの

⟷

地域生活支援事業の 相談支援事業

一般的な相談のほか、計画相談支援等の対象とならない事例や支援区分認定が難しい事例も積極的、真摯に対応することが必要

基幹相談支援センターの役割

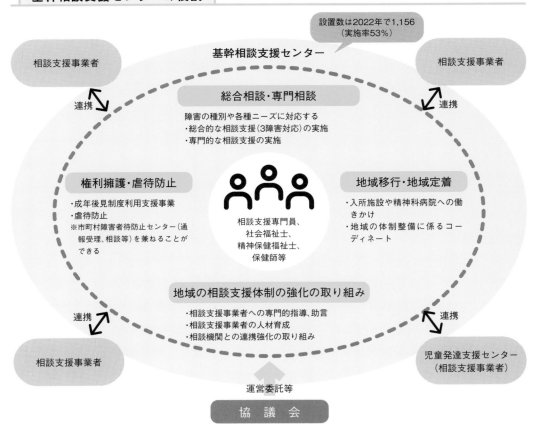

設置数は2022年で1,156
（実施率53%）

基幹相談支援センター

相談支援事業者　連携　　　　　　　　　　　　連携　相談支援事業者

総合相談・専門相談
障害の種別や各種ニーズに対応する
・総合的な相談支援（3障害対応）の実施
・専門的な相談支援の実施

権利擁護・虐待防止
・成年後見制度利用支援事業
・虐待防止
※市町村障害者虐待防止センター（通報受理、相談等）を兼ねることができる

相談支援専門員、
社会福祉士、
精神保健福祉士、
保健師等

地域移行・地域定着
・入所施設や精神科病院への働きかけ
・地域の体制整備に係るコーディネート

地域の相談支援体制の強化の取り組み
・相談支援事業者への専門的指導、助言
・相談支援事業者の人材育成
・相談機関との連携強化の取り組み

相談支援事業者　連携　　　　　　　　　　　　連携　児童発達支援センター（相談支援事業者）

運営委託等

協　議　会

06

乳幼児期①
児童発達支援

▶ 児童発達支援センターと児童発達支援事業所

　児童発達支援とは、主に就学前の児童を対象とする事業を統合した障害児の**通所支援**です。児童発達支援には、**児童発達支援センター**と**児童発達支援事業所**があります。どちらも通所利用の障害児やその家族の支援を行うことは共通していますが、児童発達支援センターでは地域の障害児支援の中心となって、関係機関と連携をとりながら地域内の障害児やその家族に対する支援を行ったり、地域内の児童発達支援事業所に対して支援を行ったりしています。一方、児童発達支援事業所は身近な療育の場として、障害児やその家族が通いやすいように、地域内に数多く存在しています。

▶ 児童発達支援センターの一元化

　2024（令和6）年4月施行予定の改正児童福祉法では、これまで児童発達支援には統合されなかった「医療型児童発達支援」についても、すべての障害児を対象とする**児童発達支援に一元化**するものとされます。この改正法では児童発達支援センターについて、地域の障害児の健全な発達において中核的な役割を担う機関として、障害児を日々保護者のもとから通わせて、**高度の専門的な知識および技術を必要とする児童発達支援を提供**し、あわせて障害児の家族、指定障害児通所支援事業者その他の関係者に対し、相談、専門的な助言その他の必要な援助を行うことを目的とする施設であることを明確に示しています。その機能を充実させるためには、保育士、児童指導員、作業療法士、理学療法士、言語聴覚士、公認心理師、社会福祉士、ソーシャルワーカー、看護師、看護職員、栄養士など、スキルや専門性をもった人が**チームで支援**する必要があり、そのような人員を持続的な運営の中で配置することが必要になります。

児童発達支援センターと児童発達支援事業　図

第1章　発達障害とは?

第2章　発達障害の症状とかかわり

第3章　発達障害を取り巻くさまざまな事情

第4章　さまざまな視点による支援

第5章　ライフステージに応じた支援制度

第6章　家族ともつながり合うために

第7章　発達障害のある人への支援事例

児童発達支援の類型

（法）児童発達支援は、
①児童福祉施設と定義される「児童発達支援センター」
②それ以外の「児童発達支援事業」
の2類型

（法）児童発達支援センターその他の内閣府令で定める施設 ⟶ 「便宜を適切に供与することができる施設」と規定

センターと事業の違い

センター、事業どちらも、通所利用の障害児やその家族に対する支援を行うことは「共通」とし、

● 「センター」は、施設の有する専門機能を活かし、地域の障害児やその家族への相談、障害児を預かる施設への援助・助言を合わせて行うなど、地域の中核的な療育支援施設

● 「事業」は、専ら利用障害児やその家族に対する支援を行う身近な療育の場

児童発達支援センター

〈児童発達支援〉

身近な地域における通所支援機能

通所利用の障害児やその家族に対する支援

◇センターは3障害に総合的に対応することが望ましいが、専門機能に特化したものでも可

例　知的障害、難聴、肢体不自由、重症心身障害、発達障害等

児童発達支援事業

＋

《機能を横付け》

地域支援

保育所等訪問支援などの実施

障害児相談支援などの実施

【ワンストップ対応】

↑

利用者の利便性を考慮

◆センターで行う地域支援（相談支援等）は**3障害対応**を基本

◆対応困難な場合は、適切な機関等を紹介・あっせん

07

乳幼児期②
保育所等訪問支援

保育所等訪問支援

　保育所等訪問支援は、障害のある人の地域社会への参加・包括（**インクルージョン**）を進めるために、2012（平成24）年施行の改正児童福祉法により創設された訪問支援です。地域の保育所等を利用中、あるいは今後利用する予定のある障害児を対象に集団生活を営む施設を訪問し、集団生活への適応のために、子どもの課題的な行動の要因についてのアセスメントや、子どもの強みを活かした保育方針の提案等の**専門的な支援**を行います。子どもが日常生活を送っている場所で支援ができると、保育者と保育所等訪問支援担当者が子どもの状態や行動の要因を共通に理解して、それに基づき、それぞれの機関の機能や役割を活かした支援を実践することが可能になります。関係機関相互の理解が進むことにもつながり、お互いの信頼関係が構築されます。保育所等訪問支援は「地域支援機能」の重要な事業の一つですが、取り組みには地域格差があることが課題として挙げられています。

保育所等訪問支援の利用の流れ

　保育所等訪問支援の基本的な利用は、大まかに①保護者の市町村の窓口への相談、②相談支援事業所の決定、③市町村による支給決定、④保育所等訪問支援事業所の決定、⑤保育所等訪問支援事業所の保育所等への訪問日の調整・決定、⑥保育所等訪問支援の実施という流れです。実際には、保育所等訪問支援への依頼は保護者からだけではなく、子どもが利用している保育所等や児童発達支援事業所からのこともあります。しかしその場合であっても、本事業利用についての保護者への意思確認が必要になります。

事業の概要

保育所等を現在利用中の障害児、または今後利用する予定の障害児が、
保育所等における集団生活の適応のための専門的な支援を必要とする場合に、
「保育所等訪問支援」を提供することにより、保育所等の安定した利用を促進。

対象児童

(法) 保育所や、児童が集団生活を営む施設に通う障害児
※「集団生活への適応度」から支援の必要性を判断
発達障害児、その他の気になる児童を対象

個別給付のため
障害受容が必要 →

相談支援事業や、
スタッフ支援を行う
障害児療育支援事業等の
役割が重要

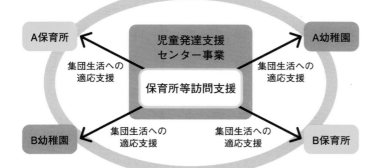

A保育所
児童発達支援
センター事業
A幼稚園
集団生活への
適応支援
集団生活への
適応支援
保育所等訪問支援
B幼稚園
集団生活への
適応支援
集団生活への
適応支援
B保育所

訪問先の範囲

(法) 保育所、幼稚園、
認定こども園、小学校、
特別支援学校、その他
児童が集団生活を営む
施設として、地方自治体
が認めたもの

提供するサービス

(法) 障害児が集団生活を営む施設を訪問し、当該施設における障害児以外の児童との集団生活への
適応のための専門的な支援その他の便宜を供与。

①障害児本人に対する支援(集団生活適応のための訓練等)
②訪問先施設のスタッフに対する支援(支援方法等の指導等)

● 支援は2週に1回程度を目安。障害児の状況、時期によって頻度は変化。
● 訪問担当者は、障害児施設で障害児に対する指導経験のある児童指導員・保育士(障害の特性に応じ
専門的な支援が必要な場合は、専門職)を想定。

(※)報酬については、提供時間ではなく、回数により算定する方向で報酬改定プロセスにおいて検討。

08

乳幼児期③
障害児等療育支援事業

▍障害児等療育支援事業とは

障害児等療育支援事業は、都道府県等（都道府県・政令市・中核市）が実施主体です。支援の内容は、相談や発達支援を目的にした家庭訪問や保育所などへの「巡回指導」、地域の保育所、幼稚園、認定こども園、学校等への発達支援についての助言や職員研修などの「施設支援」、施設での支援を行う「外来支援」などがあります。

本事業は**受給者証の取得状況にかかわらず利用できるので、障害受容が進んでいない保護者の子どもも支援できる**という柔軟性をもっている一方で、保護者の障害理解を深めることが難しいという課題も挙げられます。そのため、本事業を支援や相談の窓口的な機能として位置づけている実施主体もあります。実施には都道府県等からの委託が必要であることや、財源的に実施が厳しくなっているなどの理由で、実施事業所が減少しているという現状があります。

▍保育所等訪問支援との比較

保育所等訪問支援は保護者と施設の契約を基盤にしているため、施設の持ち出しで実施している障害児等療育支援事業に比べて、制度的・財政的に安定して実施できます。

しかし、保育所等訪問支援では、個別給付を受けるための受給者証の取得が必要ですので、保護者の障害理解が進んでいない段階では支援が受けられないという課題があります。また、個々の子どもへの支援が中心になるため、障害児等療育支援事業の「施設支援」と比較して、施設機能や発達支援体制の向上に直接的につながりにくいという問題点も挙げられます。今後、**障害児等療育支援事業の縮小傾向が進まないよう、両者の特徴を活かした役割の明確化**が必要となります。

保育所等訪問支援事業と障害児等療育支援事業の比較　図

	保育所等訪問支援事業	障害児等療育支援事業
対象	障害児個人（契約）・利用機関（保育所等）	障害児、家族、関係機関（児童発達支援、保育所等）
実施主体	市町村	都道府県・政令市・中核市
内容	障害児個人・利用機関への支援	訪問支援、外来支援・施設支援
利用料	有料	無料
支援側の収入	個別給付	補助金（出来高）
支援期間	制限無し（契約期間）	各実施主体による（制限無しが多い）
長所	・個別支援計画書作成と児童発達支援管理責任者配置による計画的、専門的支援が確保 ・義務的経費の確保	・最初の支援窓口であり、柔軟性をもった支援を提供できる ・多様なニーズに対応する ・簡単な手続き（契約不要）と利用料無し
問題点	・利用契約が必要／有料 ・受給者証の取得が条件になる（親が障害を認めることで契約し、実施する） ・事業施行直後で混乱が生じやすい ・個別支援中心で、広がりに欠ける ・児童発達支援事業所への支援不可	・実施主体の判断により、内容に地域格差が生じやすい ・コーディネータが配置されず運営や連携での調整が困難 ・実施機関の少なさや担当職種の偏りにより、多様な支援ニーズに対応できない

出典：一般社団法人　全国児童発達支援協議会「厚生労働省平成25年度障害者総合福祉推進事業 障害者通所支援の今後の在り方に関する調査研究 報告書」P131、2014.

第1章 発達障害とは？
第2章 発達障害の症状とかかわり
第3章 発達障害を取り巻くさまざまな事情
第4章 さまざまな視点による支援
第5章 ライフステージに応じた支援制度
第6章 家族ともつながり合うために
第7章 発達障害のある人への支援事例

09

乳幼児期④
乳幼児健康診査・乳幼児保健指導

乳幼児健康診査の目的

　母子保健法によって、市町村には乳幼児健康診査（以下、乳幼児健診）の実施が定められています。**法的には1歳6か月児健診と3歳児健診の実施が義務づけられています**が、自治体によっては1歳までに1～2回の健診を追加して実施することがあります。

　乳幼児健診の目的は、**子どもの顕在的および潜在的健康課題を明確化し、その健康課題の解決に向けて親子が主体的に取り組むことができるよう支援する**ことです。すべての子どもに一定の期間ごとに提供される乳幼児健診は、親が子育てを行ううえで感じる「育てにくさ」を打ち明ける重要な機会ともいえます。発達に課題をもつ子どもの親は、「親の言うことを聞かない」「落ち着きがない」等の言葉で育てにくさを訴えることが多く、乳幼児健診は発達障害児の**早期発見、早期対応**につながる貴重な事業です。

乳幼児健康診査における乳幼児保健指導

　子どもの健康課題に対して乳幼児保健指導（以下、保健指導）を行うことは乳幼児健診の重要な役割の一つです。乳幼児健診では、医師・歯科医師、保健師、助産師、看護師、栄養士、歯科衛生士等、**母子保健に関与する多職種が連携をして子どもの発育、発達を多面的にアセスメントして、保健指導を行います**。その後、関係者のカンファレンスによって、発達障害を疑われる子どもについては保健指導を継続するか医療機関や専門機関等をすすめるかについて判断します。なかには専門機関での相談や医療機関の受診に拒否的態度を示す保護者もいますので、保健指導においては、先の見通しをイメージしながら一定期間のアセスメントと保護者への心理的支援の指導を継続して、診断につなげることや福祉等による支援の適否を検討していく場合があります。

乳幼児保健指導と発達障害児支援の流れ 図

乳幼児健診時の保健指導プロセスの一例

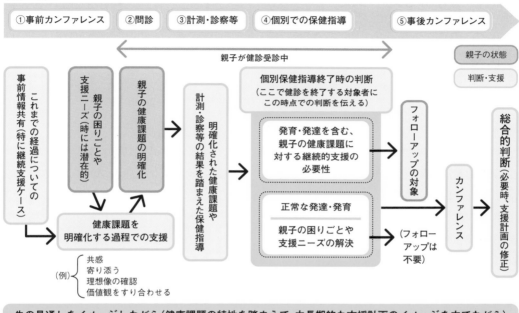

健診の流れ

①事前カンファレンス → ②問診 → ③計測・診察等 → ④個別での保健指導 → ⑤事後カンファレンス

親子が健診受診中

親子の状態 / 判断・支援

事前情報共有（特に継続支援ケース）

これまでの経過についての事前情報共有（特に継続支援ケース）

支援ニーズ（時には潜在的）親子の困りごとや

親子の健康課題の明確化

健康課題を明確化する過程での支援

（例）共感 寄り添う 理想像の確認 価値観をすり合わせる

計測・診察等の結果を踏まえた保健指導

明確化された健康課題や

個別保健指導終了時の判断（ここで健診を終了する対象者にこの時点での判断を伝える）

発育・発達を含む、親子の健康課題に対する継続的支援の必要性

正常な発達・発育／親子の困りごとや支援ニーズの解決

フォローアップの対象

（フォローアップは不要）

カンファレンス

総合的判断（必要時、支援計画の修正）

先の見通しをイメージしながら（健康課題の特性を踏まえて、中長期的な支援計画のイメージを立てながら）

乳幼児健診から発達障害児支援への流れの一例

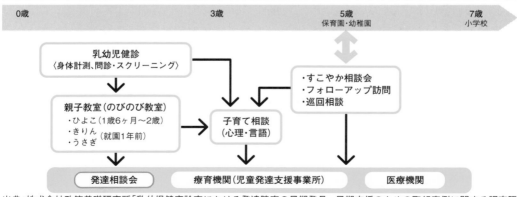

0歳　3歳　5歳 保育園・幼稚園　7歳 小学校

乳幼児健診〈身体計測、問診・スクリーニング〉

親子教室（のびのび教室）
・ひよこ（1歳6ヶ月〜2歳）
・きりん（就園1年前）
・うさぎ

子育て相談（心理・言語）

・すこやか相談会
・フォローアップ訪問
・巡回相談

発達相談会　療育機関（児童発達支援事業所）　医療機関

出典：株式会社政策基礎研究所「乳幼児健康診査における発達障害の早期発見・早期支援のための取組事例に関する調査研究 報告書」p15、2019.

10

乳幼児期⑤
就学時健康診断

▶ 就学時健康診断における発達障害の発見

　学校保健安全法により、市町村（特別区を含む）の教育委員会には、就学予定者の心身の状況を的確に把握し、保健上必要な勧告、助言を行うとともに、適正な就学を図るために就学時健康診断を実施することが義務づけられています。

　学校教育法の一部改正により、2007（平成19）年から**すべての学校において**障害のある子どもたちの特別支援教育を充実させることとなりました。このような特別支援教育の体制の整備に基づき、就学時健康診断には、行動観察等で気になる子どもに対して、本人との個別面接の実施や保護者への聞き取り等の丁寧な対応に努め、**就学に向けて発達障害の発見に留意する**ことや就学相談の必要性を判断することが求められています。

▶ 就学相談

　就学時健康診断で就学相談が必要と判断された場合、あるいは就学時健康診断前に、障害がある子どもや発達が気になる子どもの保護者が市町村の教育委員会に就学について相談した場合、市町村教育委員会に設置された**教育支援委員会**で就学相談を受けることができます。教育支援委員会は医師、福祉関係者、学識経験者、学校関係者、教育委員会担当者で構成され、**相談対象児の適正な就学先の選定**に際して、助言や判断をする組織と位置づけられています。就学相談では特別支援教育を専門とする教員による観察や必要に応じて医者の診断などがなされ、保護者との間で就学先に関する話し合いがなされます。保護者に対しては**十分な情報の提供を行うと共に、可能な限りその意向を尊重しなければならない**とされています。就学先は、保護者、教育支援委員会および学校との合意形成を進めたうえで、最終的には市町村教育委員会が決定します。

障害のある児童生徒の就学先決定について（手続きの流れ）

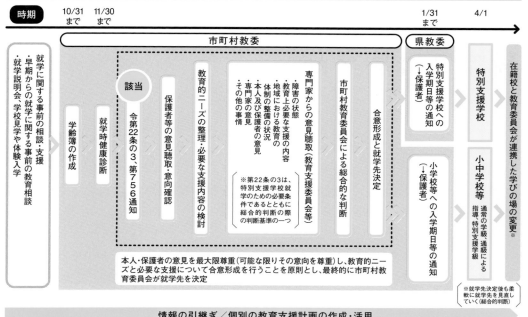

時期　10/31まで　11/30まで　　　　　　1/31まで　4/1

市町村教委　　県教委

本人・保護者の意見を最大限尊重（可能な限りその意向を尊重）し、教育的ニーズと必要な支援について合意形成を行うことを原則とし、最終的に市町村教育委員会が就学先を決定

情報の引継ぎ／個別の教育支援計画の作成・活用

就学相談の流れの一例

保護者による就学相談の申し込み　→　必要に応じて医者の診断　→　支援委員による施設（幼稚園、保育所等）での観察　→　支援委員による子ども、保護者との面接（情報提供や保護者からの聞き取り等）　→　教育支援委員会による話し合い（医師、福祉関係者、学識経験者、学校関係者、教育委員会担当者）　→　教育支援委員会の方針と保護者の意見の調整　→　家族、就学支援委員会、学校との合意　→　市町村教育委員会が就学先決定

11

学童期・思春期①
放課後等デイサービス

▶ 放課後等デイサービスの基本的役割

　放課後等デイサービスは、児童福祉法第6条の2の2第4項の規定に基づき、学校（幼稚園および大学を除く）の**授業終了後または夏休み等も含む休業日に**、障害のある子どもに対して、学校や家庭とは異なる時間、空間、人、体験等を通じて、個々の子どもの状況に応じた発達支援を行う施設です。

　また、子どもの地域社会へのインクルージョンを促進するため、ほかの子どもも含めた集団の中での生活を保障する視点が求められています。専門的な知識・経験に基づき、児童館等の子育て支援をバックアップする「後方支援」としての位置づけもあります。

　あわせて、就労を含む**「親の時間」を保障**する、いわゆる放課後学童クラブの役割も果たしています。子育ての悩み等に対する相談を行うなど、保護者がゆとりをもって子どもに向き合えるようにする支援も大切にしています。

▶ 具体的な活動内容

　自立に向けて、子どもに応じたさまざまな活動をしています。基本的生活習慣の支援、施設ごとに特色ある活動 (製作、ゲーム、表現活動、調理、学習支援、戸外での遊び等)、余暇の提供（室内遊びを含む自己選択する活動）等です。

　なお、多くの場合、施設、学校、家庭まで子どもを送迎し、子ども本人と保護者の利便性を高めています。さらに、子どもの最善の利益を実現するために、右図にあるように本人・保護者の思いもふまえて学校で作成される個別の教育支援計画に基づく連携と役割分担を積極的に図っています。

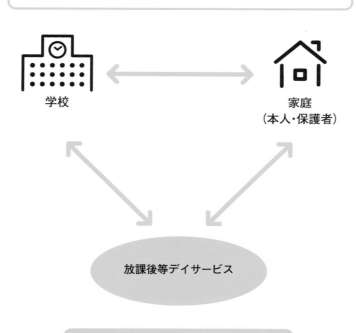

子どもの最善の利益を実現するために

● それぞれの関係者で一貫して支援すること

● それぞれの「強み」を活かした役割分担

を個別の教育支援計画の作成過程で確認し合います

学校

家庭
（本人・保護者）

放課後等デイサービス

さまざまな特色ある活動

・ソーシャルスキルプログラム

・学習支援　・余暇支援

・運動　・音楽　・美術　・調理

第1章　発達障害とは？

第2章　発達障害の症状とかかわり

第3章　発達障害を取り巻くさまざまな事情

第4章　さまざまな視点による支援

第5章　ライフステージに応じた支援制度

第6章　家族ともつながり合うために

第7章　発達障害のある人への支援事例

12

学童期・思春期②
特別支援教育

特別支援教育とは

　障害のある子どもの教育は、2007（平成19）年3月までは「特殊教育」と呼ばれ、特殊学級（現在の特別支援学級）や養護学校（現在の特別支援学校）等で展開されていました。しかし、発達障害のある子どもの多くは通常の学級に在籍することが多いことから、2007（平成19）年4月に文部科学省から「特別支援教育の推進について（通知）」が発出され、小・中学校、高等学校を含めてすべての教育の場で「特別支援教育」が展開されることになりました。

　その目的は、障害のある子どもの自立や社会参加に向けた主体的な取り組みのみならず、障害の有無やその他の個々の違いを認識しつつさまざまな人々が生き生きと活躍できる共生社会の形成を目指すことです。

特別支援教育の展開

　高等学校を含むすべての学校で、教員の中から「特別支援教育コーディネーター」が指名され、全校的な支援体制を確立するための委員会が設置されています。委員会では発達障害等のある子どもの支援や教育の場について検討します。

　特別支援教育では、通常学級はもとより、小・中学校等に設置される**特別支援学級**や**通級による指導**（**通級指導教室**：通常の学級に在籍しながら、週1、2時間程度特別な指導を受ける教室）、そして**特別支援学校**などの柔軟で連続性のある**多様な学びの場**の連携により子どもを支えます。それぞれの教育の場は固定されるわけではなく、時々の子どもの様子に応じて、柔軟に変更できることになっています。なお、特別支援学校はその地域の特別支援教育を先導するセンター的な役割を果たすことになっています。

特別支援教育の現状と多様な学びの場　図

特別支援教育を受ける児童生徒の増加の状況

- 直近10年間で義務教育段階の児童生徒数は1割減少する一方で、特別支援教育を受ける児童生徒数は倍増。
- 特に、特別支援学級の在籍者数（2.1倍）、通級による指導の利用者数（2.3倍）の増加が顕著。

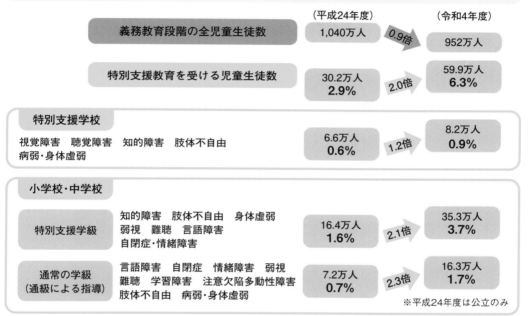

	（平成24年度）		（令和4年度）
義務教育段階の全児童生徒数	1,040万人	0.9倍	952万人
特別支援教育を受ける児童生徒数	30.2万人 2.9%	2.0倍	59.9万人 6.3%

特別支援学校
視覚障害　聴覚障害　知的障害　肢体不自由
病弱・身体虚弱

6.6万人 0.6%	1.2倍	8.2万人 0.9%

小学校・中学校

特別支援学級	知的障害　肢体不自由　身体虚弱　弱視　難聴　言語障害　自閉症・情緒障害	16.4万人 1.6%	2.1倍	35.3万人 3.7%
通常の学級（通級による指導）	言語障害　自閉症　情緒障害　弱視　難聴　学習障害　注意欠陥多動性障害　肢体不自由　病弱・身体虚弱	7.2万人 0.7%	2.3倍	16.3万人 1.7%

※平成24年度は公立のみ

※通級による指導を受ける児童生徒数（16.3万人）は、R2年度の値。H24年度は5月1日時点、R2年度はR3.3.31時点の数字。

日本の義務教育段階の多様な学びの場の連続性

自宅・病院における訪問学級
特別支援学校
特別支援学級
通級による指導
専門的スタッフを配置して通常学級
専門家の助言を受けながら通常学級
ほとんどの問題を通常学級で対応

必要のあるときのみ

可能になり次第

13

学童期・思春期③
スクールカウンセラー・スクールソーシャルワーカー

▶ スクールカウンセラー（SC）

　発達障害のある子どもたちへの支援が行き届かず、不登校の状態になってしまったり、いじめの被害者・加害者になってしまったりすることが時としてあります。子どもの心に寄り添うカウンセリング等の教育相談機能の充実が求められています。心理学の分野における専門的な知識および臨床経験を有するスクールカウンセラー（SC）は、子どもの学習活動を評価する立場にもある教員や保護者には知られたくない子どもの悩みや不安を、安心して相談できる存在でもあります。また、教員にとっては、子どもや保護者との間で第三者として架け橋的な役割を果たす存在でもあります。なお、SCの配置状況は週の特定の曜日・時間帯であることが多いのが現状です。

▶ スクールソーシャルワーカー（SSW）

　発達障害にかかわる不登校やいじめ等の背景には、子どもたちの心の問題だけでなく、家庭、貧困、虐待、友人関係、地域、学校など子どもたちのおかれている環境の問題が関係していることがあります。そのため、表面的な行動だけに注目して対応するだけでは解決できないことが多くあります。そして、それらのすべてに学校・教員だけでは対応しきれない現実もあります。スクールソーシャルワーカー（SSW）は、福祉の専門家として子どもを取り巻く環境を多面的に把握したうえで、教育と心理と福祉による連携的な支援を構築します。なお、SSWの配置状況は地域にもよりますが、今後の拡充が期待されています。このように、子どもたちがおかれている状況を多面的・複眼的に把握し、教育だけではなくさまざまな立場の専門家が一斉に、「チーム」として連携して課題解決を図る時代になっています。

スクールカウンセラー・スクールソーシャルワーカー 図

〈学校内〉

管理職 ── 特別支援教育・教育相談コーディネーター

教育センター
教育委員会

特別支援
学校

学級

SC

Aさん ── 担任

保護者

SSW

自治体の
巡回相談

自治体の
福祉関係
部局等

特別支援学級 ── 通級指導教室

児童相談所・
児童家庭支援センター等

(1)未然防止、早期発見および支援・対応等への体制構築
(2)学校内の関係者がチームとして取り組み、関係機関と連携した体制づくり
(3)教育相談コーディネーターの配置・指名
(4)教育相談体制の点検・評価
(5)教育委員会における支援体制の在り方
(6)活動方針等に関する指針の策定

第1章 発達障害とは？
第2章 発達障害の症状とかかわり
第3章 発達障害を取り巻くさまざまな事情
第4章 さまざまな視点による支援
第5章 ライフステージに応じた支援制度
第6章 家族ともつながり合うために
第7章 発達障害のある人への支援事例

14

学童期・思春期④
児童家庭支援センター

■ 児童家庭支援センターとは

　児童家庭支援センターは、児童相談所等の関係機関と連携しつつ、地域に密着したよりきめ細やかな相談支援を行う児童福祉施設（児童福祉法第44条の2第1項）です。その事業内容は①児童に関する家庭その他からの相談のうち、専門的な知識および技術を必要とする場合、助言を行う、②市町村の求めに応じて助言や援助を行う、③児童相談所からの委託を受けて、配慮を要する子どもやその家庭への継続的な支援・助言および児童福祉施設、学校等関係機関との連絡調整を行う等です。

　なお、全国児童家庭支援センター協議会があり、2022（令和4）年6月15日現在、全国167センターが協議会に加盟しています。

■ 児童家庭支援センターの特色

　現在、多くの児童家庭支援センターでは、児童虐待の予防や親子関係の再構築支援（家族支援）、あわせて、家族全体が抱える問題にも寄り添う伴走型支援や一人ひとりの成長に合わせた息の長いアフターケア（自立支援）を実践しています。

　その他の特色として、社会的養護施設と地域とをつなぐソーシャルワーク拠点として、子育て短期支援事業（ショートステイ）の利用調整を行ったり、市町村の実施する乳幼児健診事業に出向き運営を支援したり、要保護児童対策地域協議会（子どもを守る地域ネットワーク）の機能強化や児童虐待防止に関する研修に協力したり、さまざまな地域ニーズに応じ多彩な地域支援事業が行われています。なお、児童家庭支援センターは、24時間365日体制で相談業務を行うこともあることから、児童相談所や区役所が閉庁している夜間や休日における対応も可能です。

児童家庭支援センターの事業内容　図

事業	事業の内容
① 地域・家庭からの 相談に応ずる事業	地域の児童の福祉に関する各般の問題につき、児童に関する家庭その他からの相談のうち、専門的な知識および技術を必要とするものに応じ、必要な助言を行う
② 市町村の求めに 応ずる事業	市町村の求めに応じ、技術的助言その他必要な援助を行う
③ 都道府県または 児童相談所からの 受託による指導	児童相談所において、施設入所までは要しないが要保護性がある児童、施設を退所後間もない児童など、継続的な指導措置が必要であるとされた児童およびその家庭について、指導措置を受託して指導を行う
④ 里親等への 支援	里親およびファミリーホームからの相談に応じる等、必要な支援を行う
⑤ 関係機関等との 連携・連絡調整	児童や家庭に対する支援を迅速かつ的確に行うため、児童相談所、市町村、福祉事務所、里親、児童福祉施設、自立援助ホーム、ファミリーホーム、要保護児童対策地域協議会、民生委員、児童委員、母子自立支援員、母子福祉団体、公共職業安定所、婦人相談員、保健所、市町村保健センター、精神保健福祉センター、教育委員会、学校等との連絡調整を行う

第1章 発達障害とは？
第2章 発達障害の症状とかかわり
第3章 発達障害を取り巻くさまざまな事情
第4章 さまざまな視点による支援
第5章 ライフステージに応じた支援制度
第6章 家族ともつながり合うために
第7章 発達障害のある人への支援事例

15

青年期・成人期①
就労支援（生き方・働き方）

▶ 就労支援とは「その人らしさ」を支援すること

　学校を卒業する、もしくはその時期を過ぎると、人それぞれさまざまな人生を歩むことになります。その際、「就労ありき」で話を進めるというよりは、「就労」も含めた「**生き方**」として考えることが重要です。

　発達障害のある人は、一般的な人たちが無難にこなせることが難しかったり、曖昧なことが理解できなかったりするために、社会で生きにくさを感じることが多々あります。その一方で、得意分野で力を発揮して、自分らしく生き生きと働いている人もいます。つまり、**就労支援は、「その人らしさ」を支援すること**といえます。そのためには、支援する側が、その人の特性を把握し、就労だけでなく、この先どんな生き方を望んでいるのかを知っておくことも大切です。

▶ 「就労したい」を応援するために

　発達障害のある人の働き方は実に多種多様です。「障害」があるからといって、障害者枠が適しているというわけではなく、職場の環境が自分の特性と合い、支援を受けずに無理なく働いている人もいます。一方で、「ほかの人と同じこと」を求められ、業務がこなせずに仕事が続けられなくなる人もいます。また、人間関係でつまずく人もいます。極端な例だと、従業員として働くのは難しくても、起業してうまくいく人もいます。

　つまり、発達障害のある人の「就労」には、**環境調整**が重要ということです。「就労したい」という意欲があっても、必要以上の努力を強いられたり、苦手なことの克服が必要となる場合は、その人に適した職場ではないことが多いです。「就労ありき」ではなく、その人らしい**安定した毎日を過ごせることを支援すること**が重要です。

第1章　発達障害とは？

第2章　発達障害の症状とかかわり

第3章　発達障害を取り巻くさまざまな事情

第4章　さまざまな視点による支援

第5章　ライフステージに応じた支援制度

第6章　家族ともつながり合うために

第7章　発達障害のある人への支援事例

就労する前に準備しておきたいこと

- 自分の得意なこと・苦手なことを知っておく
  →職種を選ぶときに自分を活かせる材料になる
- 「働きたい」という意欲の確認
  →「ねばならない」ではなく「やりたい」がモチベーションになる

さまざまな就労

一般就労

企業や官公庁等での就労。一般の人と同じ就労のほか、障害者雇用もある。また、障害者向けに作られた「特例子会社」もある。

福祉的就労

一般就労が難しい場合に働く場所を提供。雇用契約をする就労継続支援A型事業所、作業工賃が支払われる就労継続支援B型事業所、また、日中、居場所として作業等を行う地域活動支援センター等がある。

就労に関する相談先

所属先がある（学校等）

所属先の就職相談、キャリアセンター、学生相談室など

特定の所属先がない

- ・ハローワーク（仕事に関する相談や紹介。障害者相談窓口もある）
- ・若者サポートステーション（15〜49歳を対象に、就学や就労をしていない人の相談ができる）
- ・障害者就業・生活支援センター（就労に関する相談のほか、生活面の相談もできる）
- ・地域障害者職業センター（自分に合った職業を探す相談ができる）
- ・就労移行支援、就労定着支援（就労する際に必要な知識の習得や、就労を継続するための支援を受けられる）

16 青年期・成人期②
地域生活の支援（暮らし・住まい）

■「その人らしい生活」を考える

　成人になると、身の回りのことや食事面や住まい等、「衣食住」についても考えることが多くなっていきます。その際、できるだけ自分でできるようになるべきといった、いわゆる「自立」を目指しがちですが、発達障害のある人にとって「一人でできるようになる」ことは、あまり目標にすべきではありません。それよりも、**「できないことはほかの人に頼る」「困ったときは人に相談する」**ことができるようになるような支援のほうが、その人の「暮らし」を考えるうえで重要となります。

　その際、支援する側は、「その人が望む生活」を知ることがとても大切です。一方的に「こうしたほうが暮らしやすいのでは？」というような「よかれと思って」の支援をすると、「その人が望む生活」とかけ離れてしまい、逆に暮らしにくい生活となってしまうことがあります。暮らしにも**「その人らしさ」**を考えていくことが大事です。

■「暮らし・住まい」を応援するために

　家族と共に暮らす人、集団で暮らす人、一人暮らしをする人など、人の暮らしはさまざまです。障害のある人の暮らしは保護者や支援者の意向が優先されがちですが、本人の意向を大切にしたいものです。例えば、身の回りのことが苦手な人が一人暮らしを希望した場合、なんでも自分でできなければならないかというとそうではなく、必要に応じて支援を受け、さまざまな援助を受けながら一人暮らしを実現している人もいます。また、サテライト型のグループホームなど、集団での暮らしであっても、団体生活というよりは個々の生活が十分に保たれた環境が整っている暮らしもあります。発達障害のある人の暮らしは、**無理せず、あまり頑張らずに済むことを優先すること**が大切です。

暮らしに関するさまざまな福祉サービス 図

福祉サービスの種類

日常生活自立支援事業

金銭管理やその他、判断能力に不安がある人のための支援事業。
窓口は市区町村の社会福祉協議会が担っている

居宅介護

同居家族が高齢等で日常生活の世話ができなくなった際に利用できる。家事援助等の支援を受けられる

共同生活援助
（グループホーム）

少人数の共同生活の場で、主に夜間、生活（食事等）の援助等が受けられる

短期入所
（ショートステイ）

レスパイトとしての利用や、同居家族が不在になり、一人で過ごすことが難しいときの利用、または将来のグループホーム利用を見据えて、外泊の練習としての利用もできる

自立生活援助

一人暮らしを始める際の不安等に対し、助言が受けられる

福祉サービス利用に関する相談先

発達障害者支援センター

都道府県や政令指定都市に設置されており、そこから地域の相談窓口を紹介されることが多い

第1章 発達障害とは？

第2章 発達障害の症状とかかわり

第3章 発達障害を取り巻くさまざまな事情

第4章 さまざまな視点による支援

第5章 ライフステージに応じた支援制度

第6章 家族ともつながり合うために

第7章 発達障害のある人への支援事例

17 青年期・成人期③
経済的支援

国民の権利

日本国憲法第25条において、「すべて国民は、健康で文化的な最低限度の生活を営む権利を有する」「国は、すべての生活部面について、社会福祉、社会保障及び公衆衛生の向上及び増進に努めなければならない」と謳われています。障害があることで、職業が安定しなかったり、収入が思うように得られなかったり、医療費がかかったりなど、経済的な負担が多くなりがちで、安心した生活がおくりづらくなることがあります。そのような場合には、国や自治体の制度を利用して、年金や割引等の**経済的支援**を受けることができます。

安心して過ごせる日々を送るために

日々の暮らしの中で、金銭的なことはとても深刻で、心配なことです。発達障害のある人の中には、人より秀でた才能を活かして高収入を得られる方がいます。とはいえ、そのような生き方ができるのはごく一部の人で、たいていの場合は、世間と合わない生きづらさを抱え、苦しい思いをしている人のほうが多い、というのが現状です。発達障害の傾向があっても、診断にまで至らない場合、日常生活がうまくいかない理由が自分の努力不足だと思い、必要以上の負担を抱えながら日々を過ごしている人もいます。

発達障害の診断がつくことで、その後の人生を前向きにとらえられ、支援を受けて安心した日々をおくれるようになる人もいます。ただ、発達障害のある人の中には、二次的な障害のほうが強く、支援に対して否定的な印象をもってしまうこともあります。あくまでも、**主役はその人自身であることを忘れずに支援すること**が大切です。

自立支援医療制度

障害等で医療費の負担が大きくなり、生活が困窮することがないように設定された制度。自治体による医療費助成等もある

割引など

精神障害者保健福祉手帳・療育手帳があることで受けられる割引制度。携帯会社、鉄道会社、NHK受信料等で割引が受けられる。水道・下水道料金の減免等が受けられる場合もある

障害年金

病気やけがにより、日常生活や仕事に支障が出た場合に支給される。初診日に国民年金に加入していた場合は「障害基礎年金」、厚生年金に加入していた場合は「障害厚生年金」を受けることができる

生活保護

障害や病気等で収入が得にくく、また、資産面や親族等の援助が困難で生活が困窮している場合に、最低限度の生活を維持するために申請することができる

第 1 章 発達障害とは？

第 2 章 発達障害の症状とかかわり

第 3 章 発達障害を取り巻くさまざまな事情

第 4 章 さまざまな視点による支援

第 5 章 ライフステージに応じた支援制度

第 6 章 家族ともつながり合うために

第 7 章 発達障害のある人への支援事例

18

青年期・成人期④

余暇支援

■ 「余った」「暇な」時間に対する支援ではない

　発達障害の有無にかかわらず、人々は日常生活の中で、疲労やストレスがたまるものです。そんなとき、「余暇」を楽しめるとリフレッシュでき、疲れから回復することができます。まさしく「余った」「暇な」時間をどう楽しむか、といえます。

　しかし、発達障害のある人にとっては、余暇を単なる疲労回復やストレス解消のための時間ととらえるべきではありません。多数派に向けて作られた一般社会は、発達障害のある人にとって、適応するだけでも相当の苦労を要するため、発達障害のある人にとっての余暇は**必要不可欠**といえます。

■ 余暇活動は「やりたいこと」「好きなこと」が最優先

　余暇活動は、生活の質的向上のためにもとても大事です。さまざまな経験は、人生をより豊かなものにしてくれます。そのため、時に支援者は、余暇活動支援として、集団で楽しめるレクリエーションのような、一見有意義に見える活動を提案することがあります。

　ただ、そのときに大事なことは、「その人が本当にやりたいことかどうか」ということです。支援者側の「こうしたほうがこの人の人生は豊かになる」といった思いが強すぎると、時にそれは、発達障害のある人の「余暇」ではなく、何かの「練習」のようになってしまうことがあります。確かに、発達障害のある人の中には、興味・関心の幅が狭く、「もっとほかにもいろいろあるよ」と伝えたくなることがあります。その場合、情報提供としての提示ならば有効ですが、「助言」と受けとられると、本来の「余暇」とは異なる活動となってしまいます。**本当にやりたいことに寄り添う、好きなことを応援すること**が、発達障害がある人の「余暇活動支援」といえます。

発達障害のある人が楽しめる余暇活動のポイント 図

鉄道旅の場合

団体行動を強いると、逆にストレスがたまり、楽しくなくなる。それぞれの楽しみ方を尊重する

旅行の場合

コミュニケーションを目的にすると、楽しめないことがある。聖地巡礼などの目的があると楽しめる

オンラインの集まり

オンラインでの集まりは、対面での集まりが苦手な人でもほかの人とのやりとりを楽しめることがある

思う存分好きなことをする

安心できる場で好きなことを思う存分取り組むことで気持ちが安定し、心豊かな生活をおくることができる

第1章 発達障害とは?

第2章 発達障害の症状とかかわり

第3章 発達障害を取り巻くさまざまな事情

第4章 さまざまな視点による支援

第5章 ライフステージに応じた支援制度

第6章 家族ともつながり合うために

第7章 発達障害のある人への支援事例

共生社会の形成に向けた　インクルーシブ教育システム

● 障害者権利条約とインクルーシブ教育システム

　2006（平成18）年に教育基本法が改正され、「国及び地方公共団体は、障害のある者が、その障害の状態に応じ、十分な教育を受けられるよう、教育上必要な支援を講じなければならない」（第4条第2項）との規定を新設しました。また、「全ての障害者によるあらゆる人権及び基本的自由の完全かつ平等な享有を促進し、保護し、及び確保すること並びに障害者の固有の尊厳の尊重を促進すること」を目的とする「障害者の権利に関する条約」を2014（平成26）年に批准しました。その過程で、福祉や教育の分野では、障害者基本法の改正、障害を理由とする差別の解消の推進に関する法律（障害者差別解消法）の制定等、条約の趣旨をふまえた大きな制度改正がなされ、2012（平成24）年には「共生社会の形成に向けたインクルーシブ教育システム構築のための特別支援教育の推進（報告）」（以下、同報告）が取りまとめられ、障害のある子どもがその力を最大限に発揮し、あわせて障害のある子どもと障害のない子どもとが共に学ぶ仕組みとして「インクルーシブ教育システム」が提唱されました。

● 共生社会の形成を目指すインクルーシブ教育システム

　同報告では、共生社会について「これまで必ずしも十分に社会参加できるような環境になかった障害者等が、積極的に参加・貢献していくことができる社会である。それは、誰もが相互に人格と個性を尊重し支え合い、人々の多様な在り方を相互に認め合える全員参加型の社会」と定義しました。また、インクルーシブ教育システム構築の最も本質的な視点として、「それぞれの子どもが、授業内容が分かり学習活動に参加している実感・達成感を持ちながら、充実した時間を過ごしつつ、生きる力を身に付けていけるかどうか」としたうえで、共に学ぶことを追求するとともに、障害のある子どもの自立と社会参加を見据え、その時々の教育的ニーズに最も的確に応える指導を提供する多様で柔軟な仕組みを整備する重要性を指摘しました。

■「自立」と「共に学ぶ」の実現のために

①子ども本人と保護者の意思の尊重

　2013（平成25）年に文部科学省から発出された「障害のある児童生徒等に対する早期からの一貫した支援について（通知）」では、障害のある子どもの就学先の決定に際しては「十分な情報の提供」を行い「可能な限りその意向を尊重」するとしています。また、「学びの場」は、固定したものではなく、子どもの成長やその思い、適応の状況等に応じて特別支援学校から小・中学校への転学ができる等の柔軟なシステムになっています。

②教育的ニーズに応じた「多様な学びの場」の協働

　インクルーシブ教育システムでは、共に学ぶことを追求すると共に、障害のある子どもの自立と社会参加を見据えた時々の教育的ニーズに最も的確に応える指導の場を提供します。小・中学校等の「通常の学級」「通級による指導（通級指導教室）」「特別支援学級」「特別支援学校」それぞれが柔軟性と連続性のある「多様な学びの場」として協働的に機能し、多様な教育的ニーズに対応します。

③「合理的配慮」の提供による自立と参加

　「合理的配慮」とは共生社会の形成に向けて障害者の基本的人権を保障する重要な理念・方法であり、その否定を「差別」とする厳しい思想です。例えば、2015（平成27）年に策定された「文部科学省所管事業分野における障害を理由とする差別の解消の推進に関する対応指針」では、ルール・慣行の柔軟な変更の具体例として「読み・書き等に困難のある児童生徒等のために、授業や試験でのタブレット端末等のICT機器使用を許可したり、筆記に代えて口頭試問による学習評価を行ったりすること」と示されています。つまり、読み・書きの困難によって授業や試験に参加できない状況は「差別」になりますので、「合理的配慮」の提供により参加できるようにする必要があります。

④交流および共同学習と障害者理解教育の推進

　共生社会の形成に向けたインクルーシブ教育システムの一つの鍵が、交流および共同学習と障害者理解教育の推進です。学びの場が仮に違っていても、「共に学ぶ」機会を保障し、共生社会への歩みを確かにする教育の推進です。その実践の追求とさらなる展開が求められています。

第5章参考文献

- 厚生労働省「基幹相談支援センターの役割のイメージ」
- 社会福祉士養成講座編集委員会編『新・社会福祉士養成講座14 障害者に対する支援と障害者自立支援制度 第6版』中央法規出版、2019.
- 二本柳覚『図解でわかる障害福祉サービス』中央法規出版、2022.
- 厚生労働省「児童発達支援センターの役割・機能(平成23年10月31日障害保健福祉主管課長会議資料)」
- 一般社団法人 全国児童発達支援協議会「厚生労働省平成25年度障害者総合福祉推進事業 障害児通所支援の今後の在り方に関する調査研究 報告書」2014.
- 厚生労働省「標準的な乳幼児期の健康診査と保健指導に関する手引き〜「健やか親子21(第2次)」の達成に向けて〜」2015.
- 株式会社政策基礎研究所「乳幼児健康診査における発達障害の早期発見・早期支援のための取組事例に関する調査研究 報告書」2019.
- 文部科学省初等中等教育局特別支援教育課「障害のある子供の教育支援の手引〜子供たち一人一人の教育的ニーズを踏まえた学びの充実に向けて〜」2021.
- 厚生労働省「『児童福祉法等の一部を改正する法律』の公布について(通知)」令和4年6月15日
- 文部科学省初等中等教育局特別支援教育課「特別支援教育の充実について」2021.
- 文部科学省「共生社会の形成に向けたインクルーシブ教育システム構築のための特別支援教育の推進(報告) 参考資料4：日本の義務教育段階の多様な学びの場の連続性」2012.
- 文部科学省「児童生徒の教育相談の充実について(通知)」平成29年2月3日
- 厚生省児童家庭局長通知「児童家庭支援センターの設置運営等について」
- 本田秀夫・長野佳子「発達障害の人たちの余暇活動支援」『小児内科 7月号 発達障害への多様な支援〜あれが知りたい・これも知りたい〜』第54巻第7号、2022.
- 又村あおい「あたらしいほうりつの本 2018年改訂版」全国手をつなぐ育成会連合会、2018.
- 齊藤万比古・小枝達也・本田秀夫編『知ってほしい 乳幼児から大人までのADHD・ASD・LD ライフサイクルに沿った 発達障害支援ガイドブック』診断と治療社、2017.
- 鈴木裕介『障害福祉に関する法律・支援・サービスのすべて』ナツメ社、2023.
- 佐藤慎二・向野紀子・森英則『今日からできる！ 小学校の交流及び共同学習 障害者理解教育との一体的な推進をめざして』ジアース教育新社、2021.

第 6 章

家族とも
つながり合うために

01
家族とつながり合うときに大切にしたい視点

▶ 家族のアセスメント

　子どもへの支援がその子どもの発達や育ちの状況を知ることから始まるのと同様、**家族とのつながりやその支援を考えるときには、家族の状況をできうる限りアセスメントすることが大切です**。その際、養育状況をふまえたアセスメントが必要になります（P.145「家族関係・家族状況のアセスメント」参照）。親子のやりとりをよく観察し、親子に会うスタッフ間の連携をスムーズにして、家族に関する情報を丁寧に積み上げていきます。

　家族の状況は折々に変化しますので、アセスメントは1回行って終わりではなく、恒常的に求められるものです。

▶ 保護者の心理

　一般的に保護者が見せてくれる顔は、保護者の人生や思いの、氷山のほんの一角でしかありません。海の中に隠された大きな部分には、保護者の親としての傷つきや罪悪感、わが子へのマイナスな気持ち、将来への大きな不安や孤立感等、簡単には表明できない複雑で深い思いがあります。

　そのため、最初のうちは保護者からガードを張られるような感じを受けることがありますが、それは保護者の傷つきによる、自分と子どもを守るための必然的なガードです。場合によっては保護者の試し行動のようなことも起こりえます。ガードは、その保護者の傷の深さを表していることを理解し、**ガードを張る必要がないと保護者に思ってもらうことから、つながりは始まります**。

家族とつながり合うときに大切にしたい視点　図

家族関係・家族状況のアセスメント

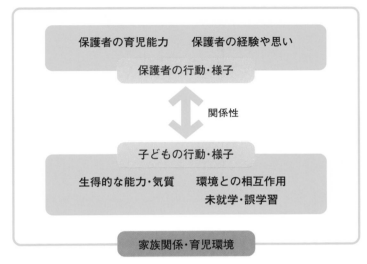

保護者の育児能力　　保護者の経験や思い

保護者の行動・様子

関係性

子どもの行動・様子

生得的な能力・気質　　環境との相互作用

未就学・誤学習

家族関係・育児環境

出典：田中千穂子・栗原はるみ・市川奈緒子編『発達障害の心理臨床 子どもと家族を支える療育支援と心理臨床的援助』有斐閣、P.99、2005.

保護者が見せる顔は氷山の一角

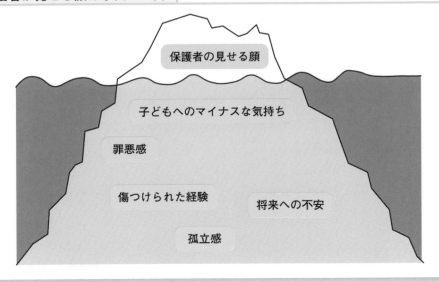

保護者の見せる顔

子どもへのマイナスな気持ち

罪悪感

傷つけられた経験

将来への不安

孤立感

第 1 章　発達障害とは？

第 2 章　発達障害の症状とかかわり

第 3 章　発達障害を取り巻くさまざまな事情

第 4 章　さまざまな視点による支援

第 5 章　ライフステージに応じた支援制度

第 6 章　家族ともつながり合うために

第 7 章　発達障害のある人への支援事例

02
家族とつながるための
イメージトレーニング

家族のニーズを読み解く

　家族の状況は家族によって大きく異なりますので、家族支援のニーズは千差万別です。そのため家族状況のアセスメントが必須となりますが、前述したように、情報が多種多様で全部が一度にはそろわず、保護者も最初からもっとも苦しいことを話してくれるとは限りません。

　そのため、家族のニーズを読み解くには、得られた情報を構造化するとともに、**ここまで子どもを育ててきた保護者のたどってきた道や、日々子どもとともに生活する中での保護者の思い等を推測しながら、イメージを組み立てていくことが役立ちます。**

家族の思いに近づくためのイメージトレーニング

　保護者の気持ちに近づくための一番大きな手がかりは、何といっても子ども自身です。この子どもを育てるなかで、保護者はどのような思いにかられるだろうか、そして今現在、この子どもと家族はどのように日々の暮らしを紡いでいっているのだろうか。子どもが１歳のとき、２歳のときと辿り、今現在の食事、入浴、ショッピング、寝かしつけのとき等、**具体的な場面をイメージし、子どもとのこれまでと現在の生活をできるだけ保護者目線で眺めてみます。**

　ときには、そうして推測した内容、例えば「小さいころはなかなか寝てくれなくてご苦労されたのではないですか?」などのこちらからの発言が、保護者との距離を縮めてくれることもあります。

1歳のころをイメージすると……

なかなか寝なくて大変

多動で目が離せない

2歳のころをイメージすると……

なかなかしゃべらず心配

偏食がひどくて大変

「障害」の文字が
ちらつき始める

3歳の今をイメージすると……

買い物時走り回って
人の目が気になる

園でほかの子どもと
違うような気がする

ほかの保護者の
目が気になる

出典：市川奈緒子『気になる子の本当の発達支援』風鳴舎、P.107、2016.

第1章 発達障害とは？

第2章 発達障害の症状とかかわり

第3章 発達障害を取り巻くさまざまな事情

第4章 さまざまな視点による支援

第5章 ライフステージに応じた支援制度

第6章 家族ともつながり合うために

第7章 発達障害のある人への支援事例

03

ペアレント・プログラムと
ペアレント・トレーニング

▶ ペアレント・プログラム（PP）とペアレント・トレーニング（PT）とは

　発達障害の傾向のある子どもの子育ての困難性が社会的に明らかになるにつれ、早期からの家族支援の必要性が唱えられるようになりました。PT は、1960年代よりアメリカで発展してきたもので、子どもの行動変容を促すために親が具体的な養育スキルを組織的に学ぶものです。基本的には保護者が少人数で子どもの行動の見方を学ぶことや（PP）、実際に子どもへ対応しながら具体的な対応技術について学ぶこと（PT）が多いですが、現在ではさまざまな家族のニーズを背景に、多種多様な PP・PT が展開されています。

▶ PP・PTの今後の課題

　PP・PT が全国的な広がりを見せている中で、参加を希望する保護者が急増しており、ファシリテーターの養成が間に合わない、PP・PT を受けられる場所が地域の中で限られるという課題が多く報告されています。

　しかし、PP・PT で学ぶ内容は決して特殊なことではなく、子どもへの適切な対応を学べる場というのは、PP・PT という構造がある場だけではありません。「発達障害のある子どものことで悩んでいる保護者はとにかく PP・PT へ」「PP・PT の場がないから保護者が学べない」という発想ではなく、**PP・PT の考え方を学びつつ、発達支援を行う人たち（保育者や学校教員も含めて）は、その専門性を活かし、保護者と家族を適切な子ども理解に向けてサポートしていきたいものです。**

ペアレント・プログラムとペアレント・トレーニング 図

ペアレント・プログラム（ペアプロ）

全6回で実施

対象者

父母・祖父母・親戚等の保護者・養育者

> 発達障害の傾向の有無にかかわらず参加でき、子育て支援として活用できます

ペアプロを実施する人

ペアプロができる人であれば基本的には誰でもOK！「行動」で考えることまでをゴールとしているので、比較的実施しやすい

> 地域の保育士さん、保健師さん等にも実施してほしい！

プログラム　〈宿題あります！〉

- #1 自分（保護者や養育者）について考える
- #2 「行動」でとらえる
- #3 「行動」をカテゴリーに分ける
- #4 ギリギリセーフ行動の考え方を知る
- #5 ギリギリセーフ行動の見つけ方を知る
- #6 まとめと確認

> ペアプロもペアトレもキーワードは「行動」！
> ・仲間と一緒に前向きに取り組める
> ・子どもの今できていることを見つけられる
> ・「ほめる」ことを考える良いきっかけとなる
> ・環境調整のコツがわかる
> 等、メリット多数！

ペアレント・トレーニング（ペアトレ）

5〜10回くらいで実施

対象者

父母・祖父母・親戚等の保護者・養育者

> 発達障害の特性をふまえた対応を学べます

ペアトレを実施する人

コアエレメントの内容を理解し、親御さんにより適した子どものかかわりを提案できる人が望ましい。

> 大学、発達障害者支援センター、療育機関、医療機関、障害児支援事業所 等

プログラム（コアエレメント）　〈宿題あります！〉

- ・子どもの良いところ探し＆ほめる
- ・子どもの行動の3つのタイプ分け
- ・行動理解（ABC分析）
- ・環境調整（行動が起きる前の工夫）
- ・子どもが達成しやすい指示
- ・子どもの不適切な行動への対応

　　　　　　　＋α（オプションもOK）

構成：講義＋演習やロールプレイ＋家庭での取り組み（宿題）

出典：厚生労働省「ペアレントプログラム、ペアレントトレーニング、ペアレントメンターについて」
www.mhlw.go.jp/content/000651034.pdf

04 きょうだい児者支援の現状と課題

■ きょうだい児者支援のニーズ

子どもの養育は家族、特に親が担うべきものという風潮を背景に、日本における家族支援は親支援に偏りがちで、きょうだい※支援は後手になっていました。しかし、**きょうだいには、生まれたときや幼少期から同胞児との生活があり、生涯にわたって関係性が続くという事情のなかで、親とはまた異なる支援ニーズがあります。**

きょうだい児者の育ちの困難として、同胞児の幼少期に親が揺れ動きの時期にあることが多いため、つねに家族のなかにある不安や緊張にさらされますし、学童期には自分の家族と他の家族との違いに気づいて孤独に陥ったり、同胞を理解することに困難があったりします。また、成人期には親に代わっての同胞の代弁者やケアの責任者としての役割を担うこともあります。このように、きょうだい児者の支援ニーズは、家族状況、同胞児との兄弟順位や成長発達の過程に応じて変化します。

■ きょうだい児者支援と今後の課題

現在のきょうだい児者支援の中核は、ピアサポート、つまり同じきょうだい児者の立場の人たちが集まって、**語り合ったり仲間づくりをするもの**です。今後期待される支援として、きょうだい児の幼少期からの発達段階ごとのニーズに沿った支援の提供（同胞児の障害についての学習機会の提供も含まれます）や、親子関係を含めた家族全体を対象とした支援があります。

※障害のある人を「同胞」、その定型発達の兄弟姉妹を「きょうだい」とひらがな表記にすることが一般的です。

成人期以降

自分の人生が
ほしい

小さいときは恨んでいた
運命だったけど、今では
同胞がいてくれてとても
よかったと思う

結婚に踏み切れない

思春期・青年期

同胞の面倒をみるために
産んだと親に言われた

家から離れるのに
罪悪感を覚える

学童期

私だけいつも怒られる

友達にからかわれた

幼児期

もっとママに
甘えたかった

家の中がいつも暗かった

第1章 発達障害とは？
第2章 発達障害の症状とかかわり
第3章 発達障害を取り巻くさまざまな事情
第4章 さまざまな視点による支援
第5章 ライフステージに応じた支援制度
第6章 家族ともつながり合うために
第7章 発達障害のある人への支援事例

05

多機関での連携による
家族支援

▶ **家族の複合的な支援ニーズ**

　現代の家族は、さまざまなニーズを抱えているといわれています。発達障害のある子どもを育てている家族にしても同じことです。

　例えば、保護者の精神的な不調は、もともと不安定さがある場合もありますが、子どもに障害があると知ったことで生じる場合や育児の大変さから生じる場合も多くみられます。また、経済的な状況がひっ迫していることもあり得るでしょう。ドメスティック・バイオレンス（DV）や虐待も増えています。

　一つのことが引き金になって別の困難を引き起こすことも多く、一つの家庭が複数の困難を抱えていることもまれではありません。そうした場合に速やかに地域の専門機関とつながれることも、家族支援の中では重要です。

▶ **多機関がつながるときの留意点**

　一つは、**できる限り顔を合わせる機会をつくること**です。まれに家族や保護者が相手によって別々のことを言ったり別の顔を見せたりすることがあり、機関同士が巻き込まれて疑心暗鬼になってしまうことがあります。一度会うだけでも、そうした事態に陥ることを防ぎやすくなります。

　また、多機関での連携では、機関の機能や職種の違いがあるため、子どもや家族の見方や支援の目標が異なる等のことが当たり前に起こります。違うからこそ連携する意義が大きいのです。**違いを埋めるのではなく、違いから学ぶ、違いを活かすことを考えたいものです。**

多機関での連携 図

保健所・保健センター

保健師

家庭訪問や機関連携で
住民の健康維持を行う

福祉事務所

ケースワーカー

生活上の相談を担当し、
生活保護等の手続きや地域の
コーディネーター役を担う

関係者会議

支援のネットワークを作る

子ども関係者・機関
保護者・家族の関係者・機関

児童相談所

児童相談所職員

家庭や関係機関から児童に関する
さまざまな相談に応じる。
虐待に対しては、保護者への指導や
子どもの一時保護の権限をもつ

配偶者暴力相談支援センター
（女性センター・婦人相談所）

配偶者暴力相談
支援センター職員

DVに関する相談および
必要に応じて
被害者の一時保護の措置を行う

第1章 発達障害とは？
第2章 発達障害の症状とかかわり
第3章 発達障害を取り巻くさまざまな事情
第4章 さまざまな視点による支援
第5章 ライフステージに応じた支援制度
第6章 家族ともつながり合うために
第7章 発達障害のある人への支援事例

第 6 章参考文献

- 市川奈緒子『気になる子の本当の発達支援』風鳴舎、2016.
- 市川奈緒子・岡本仁美編著『発達が気になる子どもの療育・発達支援入門　目の前の子どもから学べる専門家を目指して』金子書房、2018.
- 加藤正仁・宮田広善監修、全国児童発達支援協議会(CDS JAPAN)編集『発達支援学　その理論と実践　育ちが気になる子の子育て支援体系』協同医書出版社、2011.
- 厚生労働省「ペアレントプログラム、ペアレントトレーニング、ペアレントメンターについて」www.mhlw.go.jp/content/000651034.pdf

発達障害のある人への支援事例

01

自閉スペクトラム症のある子どもへの支援事例

気持ちや行動の切り替えが難しいAくん

事例の登場人物

Aくん　男児　4歳6か月

・3歳で保育園に入園し、現在は4歳児クラスに在籍。
・3歳児健診で視線の合いにくさ、反応の低さ、言葉の遅れを指摘されたことをきっかけに、自閉スペクトラム症（ASD）の診断を受ける。
・保育園に通いながら、児童発達支援センターで週1回の療育を受けている。

母親　33歳

・毎日のように、大声をあげたり、かんしゃくをおこすAくんへの対応や幼い弟の育児に追われて疲れ気味。
・保育士にAくんのことについて不安を訴えてくることもたびたびある。

父親　35歳

仕事が忙しく、Aくんにかかわることが少ないので、発達障害の特性を背景としたAくんの行動をなかなか理解できず、Aくんに対して強く叱りつける対応になりがち。

弟　2歳

第 1 章　発達障害とは？

第 2 章　発達障害の症状とかかわり

第 3 章　発達障害を取り巻くさまざまな事情

第 4 章　さまざまな視点による支援

第 5 章　ライフステージに応じた支援制度

第 6 章　家族ともつながり合うために

第 7 章　発達障害のある人への支援事例

保育園の担任

児童発達支援センター
担当者

・保育士養成の大学を卒業後、保育
　園に入職して5年目の保育士。園の
　保護者からの信頼は厚く、園長、主
　任、同僚からの評価も高い。
・今までも軽度の知的障害がある子ど
　もを受け入れてクラス運営をした経
　験があり、子ども一人ひとりを大切
　にした保育実践に努めている。

1 支援の展開

（1）入園当初のＡくんの様子

入園当初（３歳）のＡくんは、以下のような様子でした。

①活動の切り替えが苦手で、登園時の身支度や降園時に母親と一緒に帰宅することがスムーズにできない。

②一斉保育場面に落ち着いて参加することができない。

③意に反した大人からのはたらきかけには、大声や自傷（頭を床に打ち付ける）で拒否を示す。

④好きな遊びには集中できるが、同じ遊びを繰り返し、遊びが広がりにくい。

⑤人が好きで自分からかかわることができるが、相手のペースに合わせることが苦手で、一方的なかかわりになりがちである。

⑤エコラリア（オウム返し）やパターン的な応答が多く、コミュニケーションの手段に使える言葉は少ない。

（2）Ａくんへの支援の実際

保育園ではＡくんが通っている児童発達支援センターの保育所等訪問支援を利用できるように、児童発達支援センターとの契約をＡくんの両親へ依頼しました。契約後、児童発達支援センターの療育担当者が保育園を訪問し、保育園でのＡくんの様子を観察しました。保育園ではＡくんの示す状態像の背景をＡＳＤの特徴から理解することができました。

保育園でのＡくんの保育の目標、方針、方法などの保育計画について、児童発達支援センターの担当者と一緒に検討しました。その保育計画に基づき、Ａくんに対して主に次の４点について個別的に保育を実践しました。

①刺激に影響を受けず、朝の身支度や降園時の帰宅がスムーズにできるように絵カードや写真カードで活動の手順を示す。

②Ａくんが活動の予測をすることができるよう、その日の一斉活動の内容を絵カードにして、前もって、決まった場所に掲示して知らせておく。大声やかんしゃくで活動を拒否することを減らすために、一斉活動が始まる前に活動カードと休憩カードをＡくんに示して、本人にどちらかを選んでもらう。休憩中は好き勝手なことをするのでは

なく、決まった場所に座って絵本を読むことを約束しておく。休憩中に活動に戻りたいときは、休憩カードを担任に渡し、活動カードを受けとり活動に参加する。

③嫌なことがあり感情がコントロールできずに大声をあげたりかんしゃくをおこしたりしたときには、Aくんの気持ちを代弁してAくんの気持ちを落ち着かせる。落ち着いたら「イライラした」「悲しかった」「嫌だった」等、自分の感情の言語化を促す。かんしゃくや大声ではなく担任に伝えられるよう、怒りを感じたときの自分の感情や感情の変化を意識して、言語化できるようにする。

④数多くの中から一つの遊びを決めることが難しい、経験のない活動を行うことに不安をもつ、お絵描きなら喜んで取り組むことができるといった現状に合わせ、遊び方を決めて次のようにシステム化する：Aくんがやってみたいと思う活動や、自分でできる遊び（シール貼り、切り紙、パズルなど）の三つの遊び道具を、担任と共に選び、1～3までの数字が貼ってあるカゴに入れ、1から順番に活動をする。一つの活動が終了するごとに、同じ数字のカード（カゴの横に掲示）を「フィニッシュボックス」に入れる。3までの数字カードがなくなったら、好きなお絵描きをする。

⑤刺激量の多さや活動の切り替えで混乱して、感情や行動のコントロールができずにAくん自身が困っていることについて、Aくんの父親、母親と共通理解をもつことができるように、児童発達支援センターの療育担当者からAくんの発達特徴について説明してもらう。担任から保育園での方針を伝え、保育園で作成した絵カードなどを渡し、家庭でも視覚的手がかりを使用したかかわりに取り組んでもらうように協力をお願いする。

（3）Aくんの様子の変化

（2）のような保育を継続的に行った結果、Aくんは、4歳になる頃には次のような様子を見せるようになりました。

第1章 発達障害とは？
第2章 かかわり 発達障害の症状と
第3章 さまざまな事情 発達障害を取り巻く
第4章 による支援 さまざまな視点
第5章 応じた支援制度 ライフステージに
第6章 つながり合うために 家族とも
第7章 支援事例 発達障害のある人への

①登園後の身支度について、一つ片づけるごとにカードをめくることを喜び、すぐに一人でできるようになったが、何日かするとカードへの関心が薄くなり、身支度をすることができないことが多くなった。そこで、身支度にかかる時間をストップウォッチで計測し、表に記入することにした。数字が読めるＡくんは、日ごとに時間が短くなることが嬉しくなり、毎日喜んで身支度をするようになった。時間を短くするためには、一つひとつの身支度を自分ですることだけでなく、一つの作業が終わるときには次にどれを片づけるか考え、気持ちを集中させることが必要となり、Ａくんは自然と身支度に集中していくことができた。その後、４歳児クラスになり、ストップウォッチがなくても、身支度を済ませることができるようになった。降園時の帰宅については、担任が降園前に自転車の絵カードをＡくんに見せて、「ママおむかえね！」と伝えると、すぐに自転車に乗り、帰宅できるようになった。

②一斉活動の参加については、絵カードによって自分の意思を伝えられるようになり、大声で拒否を示すことが激減した。また、少しずつ、参加する活動や参加時間について、担任の提案を受け入れられるようになり、よほど苦手なもの以外は、自ら一斉活動に参加することや、参加できないときには事前に自分で担任に伝えてくることが増えてきた。

③刺激量の多さや活動の切り替えで混乱して、感情が乱れてきたときに、言語化できたり、我慢できたことに対して認めて、ほめたり、フィードバックを繰り返したことで、担任のところに駆け寄ってきて、感情を言語化して落ち着こうとする姿が見られるようになった。

④遊びをシステム化して、Ａくんが遊びたい活動を担任と共に三つ選び、遊び道具をカゴに入れ、活動し、終わったらお絵描きをするというような流れにすることで、活動を自分で選ぶことが少しずつできるようになった。三つのカゴの活動を一つずつ終わらせることで、活動を完結し達成感をもてるようになり、遊びが広がっている。

⑤保育園でのＡくんの変化に伴い、家庭でも母親が活動に合わせた写真カードを作成して かかわるようになり、育児に少しずつ自信がもてるようになってきている。担任との やりとりで母親の笑顔がみられるようになった。

② 事例にみる支援のポイント

保育園では園内の協力体制を整え、児童発達支援センターと連携をしながら、Ａくんに対して感情を自己調整して、主体的に保育に参加することを目指すという目標を立てて保育を実践できるようにしました。視覚的支援によって、Ａくんは、予測をもった行動が可能になり、不安や混乱が減り、大声やかんしゃくが少なくなりました。また、変化に弱いＡくんにとっては、いつも変わらない方法で視覚的支援を行ったことが情緒の安定につながり、自己調整力、自己解決力が育ったのではないかと考えられます。

そして、Ａくんはカードを自己表現のツールとして繰り返し使用したことで、自分の意思が相手に受け入れられることの喜びを知り、コミュニケーション意欲が高まり、相手の提案や意見も受け入れられるようになってきているのではないかと思われます。

担任は、保育園内、また、児童発達支援センターと保育目標、方法を共有できたことで、精神的な負担感が軽減しました。保育実践の試行錯誤のなかで、Ａくんの成長や母親の変化を実感できたことにより、今後、自信をもって保育できることと期待できます。

第 1 章　発達障害とは？

第 2 章　発達障害の症状とかかわり

第 3 章　発達障害を取り巻くさまざまな事情

第 4 章　さまざまな視点による支援

第 5 章　ライフステージに応じた支援制度

第 6 章　家族とつながり合うために

第 7 章　発達障害のある人への支援事例

注意欠如・多動症のある子どもへの支援事例

集団での活動に難しさの あるBくん

事例の登場人物

Bくんは、中学校に入学後、ADHDの診断を受けましたが、ここで紹介する事例は、診断を受ける前の、乳幼児期から学童期までのBくんの様子です。

Bくん

両親

・入園までは、多少融通が利かない面があることは感じながらも、育てにくさは感じずに過ごしていた。
・園や学校には協力的。

・年中より認定こども園に入園。
・1歳半健診や3歳児健診では特に指摘事項はなし。
・認定こども園へ入園後、集団での生活を送るにあたっての難しさが見られるようになった。
・卒園後は、認定こども園時代の友だち数名と一緒に、地元の小学校の通常学級へ就学。関心の低い授業で落ち着きなく過ごしたり、苦手な教科では「わからない」と態度を固くしたりする姿もある。

認定こども園の担任

小学校の各学年時の担任

1 支援の展開

（1）認定こども園での様子

入園当初は、緊張や不安で固まってほとんど椅子から動かない様子でしたが、慣れてくると園にあるさまざまなおもちゃや遊具に興味を示して遊び始めました。しかし、興味のある遊びには集中して取り組むことが多いものの、集中が切れて遊びが決まらないと、園庭や室内をフラフラしている姿も見かけます。また、絵本が大好きで新しい本が入ると真っ先に読み始め、読んでいる途中で声をかけられたり集まりなどのクラス活動が始まったりしても気がつかないこともあります。クラス活動では、興味あるものに対しては前のめりで見ようとするので、周囲から「見えない」と言われることがある一方、関心のないものについては姿勢が崩れてしまうこともありました。さらに、話したいことがあると、周囲の状況や場面にかかわらず話し始めてしまい、先生から「あとでね」などと伝えられると怒ったり泣き出したりすることもありました。また、年中ごろからルールのある遊びや集団での活動を展開したときに、その内容や説明に納得いかないと怒って抵抗する姿も見られました。

Ｂくんへの保育で担任が最も気がかりだったのは偏食でした。家庭での様子を聞くと、野菜は嫌いなもののお肉や魚、豆類は好きでよく食べるという話がありましたが、入園当初は給食の白飯を数口程度しか食べない状態でした。

（2）認定こども園での支援の実際とＢくんの変化

入園当初のＢくんの姿を受けて、担任が毎日温かく声をかけ、Ｂくんの好きなもので一緒に遊んだりしました。すると、少しずつＢくんの表情が明るくなり、活動の範囲も広がりました。慣れてくると、絵本に夢中になりすぎて集まりに気がつかなかったり、集団での活動を嫌がったり、夢中になると周囲が見えなくなって他児から注意を受けたりする様子が見られましたが、その都度担任は、一方的に注意するのではなく、状況や相手の思いを伝え、Ｂくんにどうしたいのかを尋ねました。そのうえで、その日の状況や状態に応じて、返答をそのまま受け入れたり、担任の思いを伝えつつ一緒に考えたりすることを繰り返しました。また、クラス全体で柔軟に集団が形成できるように、例えば、一人の担任がより大きな集団で遊びを展開している間、もう一人の担任がその遊びに参加しない子どもたちとゆったりかかわるといったように連携しました。そのためＢ

くんも、自分の興味・関心に沿って過ごすことができました。

　また、クラス活動でBくんが話し始めたときには、担任がその場で聞くことのできる時間や内容の範囲を明確に伝えたうえで、クラス活動の後に必ず最後まで聞くことを繰り返しました。Bくんは当初は嫌がって怒っていましたが、自分の話を必ず聞いてくれる安心感から、だんだんと無理やり入り込んで話をすることが減りました。

　日々の生活が充実するとともに、給食での様子にも変化が現れました。担任は、白飯をしっかり食べられることを第一にしつつ、家庭から聞いている好きなおかずが出たときにそれをすすめてみました。そこで食べたら大いにほめ「食べてうれしい経験」を積み重ねました。その後、調子に応じて、Bくんと相談して苦手な食べ物のうち一つを一口だけ挑戦することもゆっくりと進めました。すると、卒園する頃には、苦手な野菜も一口だけは自分で食べられるようになり食事の全体量もかなり増えました。

（3）小学校での様子

　卒園後は、地元の小学校の通常学級へ就学しました。小学校では、算数や生活科などに意欲的に取り組む一方で、図工や国語では素材から何かを想像することや文章から人の気持ちを推察することに難しさを感じている様子もありました。また、生活や遊びにおけるルールについては、自分で納得できたものには従うものの、わからなさがあったり納得できない部分があったりすると強く抵抗して参加せず、その後も嫌だった気持ちから回復できずに過ごすこともありました。

（4）小学校での支援の実際とBくんの変化

　苦手とする図工の支援は担任によりさまざまでした。1学年の担任は、単元の導入時にICT機器を活用して、具体的な完成例をBくんと一緒に見ながら考えていきました。それでも作品のイメージが思いつかないときは、作業を始めている周囲の児童の様子を一緒に見ながら「これならできそう」とBくんが思えるヒントを探っていきました。

　2学年の担任は、自分で考えて取り組むように声をかけることが多く、Bくんはすっかり図工へのやる気をなくしそれが授業態度にも現れてしまいました。

　3学年の担任は、Bくんが困ったときには本人と相談したうえで家庭に連絡を入れて状況を説明し、週末に持ち帰り時間をかけて進めることで周囲から大きく遅れることな

第
1
章
発達障害
とは？

第
2
章
かかわり
発達障害の症状と

第
3
章
さまざまな事情
発達障害を取り巻く

第
4
章
による支援
さまざまな視点

第
5
章
応じた支援制度
ライフステージに

第
6
章
つながり合うために
家族とも

第
7
章
支援事例
発達障害のある人への

く、Bくんが満足感をもって単元が終わるように進めました。4〜6学年を通して担任した先生は、学校で授業以外の時間も使いながら進めるか、家庭に持ち帰るかなどBくんとその都度話し合い、納得できる形で進めました。高学年になるとBくん自身も落ち着きはじめ、以前ほどカッとなって声を出したり態度をこわばらせたりするなどの姿は見られなくなってきました。また、得意科目で周囲から認められたり、行事やクラスで任された役割を責任をもっ

て取り組んだりする経験も積み上がり、日々楽しそうに学校へ通いました。

2 事例にみる支援のポイント

　Bくんは、療育機関には行っておらず、当時は医師による診断も受けていません。しかし、新しい場面での固さや注意の向け方に関する偏り（不注意や過集中）、姿勢保持の難しさ（多動）や多弁、集団での行動の難しさなどがみられました。

　小学校高学年ごろまで、Bくんの特性自体にあまり大きな変化はありませんでしたが、保育者や教員のさまざまな配慮等により、自己肯定感を下げずに過ごすことができました。

　認定こども園では、担任が求めたい姿はあるものの、クラス全体の運営を含めていろいろな角度から保育を見直しながら、まずはBくんの居心地のよさを優先し、そのうえで少しでもがんばったこと、できたことを繰り返し認めていきました。その結果として、偏食等を含めた課題にもアプローチできている点は参考になります。

　小学校でも、低学年で苦労した時期もありましたが、担任の多くは「〜ねばならない」を強く求めることが少なく、Bくんのよいところを見つけて伸ばすことを重視していました。一方、図工などBくんにとって苦手意識が強いものの、担任としては取り組んでほしいところは、ICTを活用してBくんが納得できる作品のイメージがもてるようにしたり、家庭と連携しながら進めたりすることで、苦手意識はあるものの「自分でできた」実感がもてるように工夫しました。必要な部分に対してはさまざまなアプローチを検討し、それ以外の部分は寛大に見守る担任のもとで、Bくんは楽しく充実感をもって学校生活を送ることができ、それが責任ある行動にもつながったと考えられます。

限局性学習症のある子どもの支援事例

小学校2年生で「読字・書字障害」と診断されたCくん

事例の登場人物

Cくん

保護者

・相談当初は1年生の男児。
・主訴は入学式直後からの教室内での頻繁な離席。
・図工や生活などの作業課題の多い学習には少し取り組めたが、4月末からは、高学年の教室、グラウンド、体育館、音楽室等を巡りながら最後は保健室に来るようになり、教室に在室する時間が極端に減った。

学校に対して否定的。

担任

養護教諭

特別支援教育コーディネーター

1 支援の展開─第Ⅰ期─激しい離室への対応

（1）具体的な支援方法

①離室後のＣくんへの対応

　授業中に校内でＣくんと出会った教職員は、「厳しく注意せず『教室に帰ろう』とだけ伝える」「授業終了５分前の場合は教室に連れていく」ことを共通理解して、Ｃくんが授業に参加した感覚を少しでも感じとれるよう、着席して終了できるようにしました。

②キーパーソンの位置づけとミニ校内委員会

　養護教諭と保健室をＣくんにとってのキーパーソン・キープレイスとしました。積極的にかかわることはしませんが、文具類等を用意し、Ｃくんが自分のペースで一人でも過ごせる環境にしました。養護教諭がＣくんの来室状況（回数と時間等）を把握し、担任とミニ校内委員会を１〜２週間ごとに開催しました。

③全般的な対応

　学校でも家庭でも、注意・叱責よりも、がんばっている姿（着席している等）を称賛し、担任は昼休みや放課後を利用してＣくんと一緒に遊んだり、話を聞いたりして信頼関係を深める努力をしました。

（2）Ｃくんと保護者の変化

　保健室の在室時間は、１学期中は一日平均２時間（保健室以外の離室時間は含んでいない）で、来室回数は７回でした。しかし、本格的な支援を始めた２学期は在室時間は半減し、来室回数も２回が平均になり、３学期には離室はなくなりました。

　さらに、保護者に大きな変化が見られました。当初、保護者は「学校は甘すぎる」と厳しい態度でした。しかし、担任と特別支援教育コーディネーターは学校でのよい点・課題となる点の両方を伝え、家庭での様子も聞くことを繰り返しました。２学期になり、Ｃくんに変化が見られたこともあり、学校に対する見方が大きく変わりました。以後、通級による指導と医療機関への受診を了解し、大変協力的になりました。

（3）考察─チーム支援とその一貫性「みんなが資源 みんなで支援」─

　離室後のＣくんへの対応を「みんなが資源 みんなで支援」を合言葉に全校で共通理

解したことで、学校全体のチーム・ティーチングが機能したと考えられます。また、養護教諭と保健室というキーパーソン・キープレイスを積極的に位置づけたことで、教室では落ち着けなかったCくんにとっての心理的・物理的なシェルターになったと考えられます。それにより、教室に戻る気持ちの整理ができるようになったことが推察されます。

あわせて、授業終了前に教室に戻り、着席して5分でも参加することを積み重ねました。その時間を少しずつ長くすることで、Cくんの自信も膨らんだと思われます。担任はCくんの応援団となり、称賛的・肯定的姿勢を大切にしたこともCくんにとっては大きな励みになったに違いありません。加えて、保護者がCくんに寄り添い、理解を深めたことも力になりました。

2　支援の展開―第Ⅱ期―読字・書字困難への気づきとその支援

（1）何に「困っていた」のか？

離室が落ち着いた2月頃、新たな課題が見えてきました。知的な遅れがないにもかかわらず、練習を繰り返してもひらがな・カタカナ五十音の一部が書けない、さらに、漢字の書きや読みに困難がある、文章をたどり読みする等の様子が顕著であることがわかりました。2学期まで授業にほとんど参加できなかったこと以外にも要因があると考えられました。

読字・書字障害の専門家による検査や相談結果をふまえて、2年次の4月に医療機関を再度受診しました。1年次2学期の診断は「ADHDの傾向」でしたが、今回の受診では「本質的には『読字・書字障害』」との診断を得ました。

（2）支援の実際と結果

読字・書字障害の専門家のアドバイスを得ながら、2年次5月以降、通級指導教室と通常学級で一貫した支援を展開しました。

①通級指導教室

「ひらがな・カタカナ」の絵カード、カルタやクイズ等を活用した単語と文章の読み支援を徹底しました。あわせて、国語に関しては予習を行い、教科書に掲載されている物語や説明文の漢字のルビ振りやあらすじの確認を大切にしました。

②通常学級

第1章 発達障害とは?

第2章 発達障害の症状とかかわり

第3章 発達障害を取り巻くさまざまな事情

第4章 さまざまな視点による支援

第5章 ライフステージに応じた支援制度

第6章 家族ともつながり合うために

第7章 発達障害のある人への支援事例

　新出漢字の指導では、ドリルに書いて覚えるだけでなく、教員の指の動きを空中で模倣する「空書き（視覚・動作法）」と手のひらに指で書く「指書き（触覚法）」に加えて、口で唱える「聴覚法」（例えば、「竹」ならば「（カタカナの）『ケケッ』と笑った『竹』と唱える）を取り入れました。このように複数の覚え方を示すと子どもたちが自身の一番覚えやすい覚え方で学習できるようになり、周りの子どもたちにも大好評のユニバーサルな支援になりました。登山に複数の登山ルートがあることになぞらえて『学習の登山モデル』と名づけました。

　以後、授業にも積極的に参加できるようになり、小学校卒業時点では読み書きについての困難さは大きく軽減されました。

③　事例にみる支援のポイント

（1）「氷山モデルを念頭に！」—困難さの本質を見極める

　本事例の一番の反省点は「離席・離室」という表面的な目立つ行動にだけ目を奪われていた点です。「そもそも学習内容が理解しづらい」という読字・書字障害の本質に気づくことが遅れました。水面に見える氷山の一角だけに着目し、Ｃくんが本当に「困っている」つらさに気づけずにいました。特に幼児期・低学年期には、行動の背景（氷山の水面下）にあるかもしれない困難さにも丁寧に目を向ける必要があります。

（2）「みんなが資源 みんなで支援」チーム支援の徹底

　第Ⅰ期・第Ⅱ期の支援を通して確認したいことは、「チーム支援」の重要性です。担任任せではなく、校外の専門家のアドバイスもふまえて学校全体で取り組んだ好事例といえます。「みんなが資源 みんなで支援」という姿勢で、チームとして支援を整える重要性が示されました。

（3）保護者との連携への示唆

　当初、保護者は学校に対して大変否定的でした。歩み寄れた背景には、学校として具体的な支援を伝え、Ｃくんが少しずつ落ち着いてきた事実がありました。「子どもの成長」という事実こそが、最も説得力のある連携のポイントであるに違いありません。

04

乳幼児期の地域生活の支援事例

落ち着きのなさがみられるDくん

Dくん、母親、祖母、曾祖母の4人家族で公営住宅に住み、生活保護を受けている。

・誕生から5歳まで自宅の公営住宅で過ごす。
・保育所等の通所はなし。
・発達全般の遅れがみられ、落ち着きがなく衝動性がある。

Dくん　4歳

・中学卒業後、飲食業などの職に就くが長続きしない。
・子どもを家において不在にすることがある。
・精神の不安定さと、内科の病気があるため通院中。
・育児が苦手。

母親　25歳
職業なし

・自律神経失調症や喘息があるため通院中。
・育児が苦手な母親を支えている。

祖　母　55歳
職業なし

・もの忘れがある。
・足腰に痛みがあり骨粗鬆症のため通院中。

曾祖母　85歳
職業なし

市の保育課

児童相談所

児童発達支援センター担当者

ケースワーカー

1 支援の展開

（1）Dくんが児童発達支援センターを利用するまでの経緯

　母親の妊娠が明らかになった直後から父親は行方不明になりました。その後、Dくんは母親と祖母に育てられました。

　Dくんが4歳になる10月、母親は就職を希望して市の保育課へ保育所の利用を申請し、保育課の職員と面接をしました。その後、保育課から、Dくんの発達の状態が心配なのでもう一度保育課へ来てほしいとの連絡がありました。再度保育課を訪れた母親は、以前からDくんの発達に遅れがあることを心配していたと訴えました。そして、児童相談所を紹介されました。児童相談所で知能検査や行動観察が行われ、療育手帳の軽度であることがわかりました。そして、母親はDくんの発達を総合的に支援する児童発達支援センターの紹介を受けました。市の福祉課や児童発達支援センターでの相談を経て、Dくんは翌年の4月から児童発達支援センターに通うことになりました。その後、児童発達支援センターから紹介された近隣の小児科で軽度の知的障害と診断されました。

（2）Dくんの地域での発達支援

①児童発達支援センターの通所開始

　児童発達支援センターでDくんは、日常生活に必要な基本動作、自立に必要な知識や技能、集団生活への適応のためのトレーニングなどの発達支援を受けることになりました。入所後、1か月間は順調に通所していたのですが、その後欠席が続いたため、心配したDくんの担当者が家族に連絡をとり状況を確認しました。すると、祖母が体調を崩していて、祖母から育児の協力を得ることが難しい状況になっていることがわかりました。母親は、祖母の通院に付き添い、育児がままならないと訴えました。

　一方、祖母は、母親が薬を大量に飲むことがあり、精神的に不安定な状態が続いていて育児ができない状況にあると話してくれました。Dくんの生活状況を確認した担当者は、同センター地域生活支援部門のケースワーカーに相談しました。

②Dくんの生活状況の把握

　ケースワーカーは、家庭やDくんの担当者、児童相談所と連絡をとり、Dくんや家庭の状況について確認しました。そして、ケースワーカー、Dくんの担当者、児童相談所

の児童福祉司の三者で家庭訪問をすることになりました。Dくんの家庭での様子を観察したり、母親や祖母からDくんの育児や曾祖母の介護、家族の生活や健康状態の聞き取りをしました。

③Dくん家族の新たな課題と地域生活の支援

　Dくんの発達支援を継続するためには、家族の生活環境を整えることが課題であることがわかりました。具体的には、育児、健康、生活、医療、介護等の面で課題があり、その対応について検討が必要でした。

　このような課題があることをふまえて、ケースワーカーの呼びかけで、Dくんと家族の関係機関の支援者（ケースワーカー、児童発達支援センターの担当者、児童相談所の児童福祉司、福祉事務所の生活保護担当者、保健センターの保健師）が集まり、生活の状況やさまざまな課題について共通理解を図り、今後の支援の方向性について話し合いました。

　今後の対応として、保健センターが健康面、福祉事務所が生活面・医療面・介護面、児童相談所と児童発達支援センターが育児面や発達面の相談や支援を行うことを改めて確認しました。また、Dくんと家族の話し合いの連絡調整役を、ケースワーカーが担当することを確認しました。

④関係機関の連携によるDくんと家族の地域生活の支援

　1回目の話し合いが行われた半年後に、Dくんと家族の関係機関の支援者が再び集まり、現在の状況とその後の支援について2回目の話し合いが行われました。

【確認された状況と支援】

1）児童発達支援センターの欠席が続いていましたが、自宅の近くから通園バスを利用することになり、現在は、Dくんは休むことなく毎日出席しています。

　➡支援の継続：通園バスを継続し利用することで児童発達支援センターへの通所手段を確保すること

になりました。

2）Dくんは児童発達支援センターから帰宅した後や土日に無断で家を抜け出し、近所の公園で夕方まで遊ぶようになりました。母親、祖母は対応に大変困っています。

➡新たな支援：児童発達支援センターの地域生活支援部門のケースワーカーとDくんの担当者、児童相談所、市の保育課が連携し支援したことで、Dくんは週に2日、児童発達支援センターで発達支援を受けながら、週に4日、近所の保育所に通うことになりました。保育所を利用することで、母親の育児負担が軽減しました。Dくんも保育所で十分に遊ぶことができるようになり帰宅後の外出はなくなりました。

3）同居している曾祖母が認知症になり、今まで以上に介護が必要になりました。

➡新たな支援：福祉事務所の支援によって、曾祖母はデイサービスを利用することになりました。

4）Dくんの育児と曾祖母の介護のため、母親と祖母の通院治療が困難な状況になっていました。

➡新たな支援：Dくんの保育所と、曾祖母のデイサービスの利用によって、日中、母親と祖母は通院することができるようになりました。母親は精神的に不安定な状況が続くときには通院が困難なため、福祉事務所と精神科病院が連携して訪問医療を行うことが確認されました。

2 事例にみる支援のポイント

Dくんのように複合的なニーズが家族にある場合、子どもの発達のためにも、育ちに影響を与える家庭環境を調整することが大切になります。地域にある関係機関が連携することで、子どもと家族の複合的なニーズに対応し、地域生活を支えることが可能になります。

第1章 発達障害とは？

第2章 発達障害の症状とかかわり

第3章 発達障害を取り巻くさまざまな事情

第4章 さまざまな視点による支援

第5章 ライフステージに応じた支援制度

第6章 家族ともつながり合うために

第7章 発達障害のある人への支援事例

05

実践事例

余暇活動を安心して仲間と共有できる居場所

1 特定非営利活動法人ネスト・ジャパンについて

　私が所属している特定非営利活動法人ネスト・ジャパンは、個性的な人たち、発達に偏りや遅れがある人たちとその家族や支援者の仲間づくりや活動拠点づくり、ネットワークづくりをしている団体です。以前は「発達障害のある人への支援」と銘打っていましたが、現在は診断の有無にかかわらず、希望される方が利用しています。

　具体的な支援としては、小グループで行う余暇活動の支援や保護者の個別相談、当事者の個別相談、個別支援のほか、発達障害に関する学習会なども行っています。ネスト・ジャパンを訪れる人たちの中には、所属先になじめなかったり、集団生活が苦手だったりする人たちが多くいます。しかし、余暇活動に参加しているときは自分らしく、穏やかに、そして生き生きと過ごしています。そんな余暇活動をいくつか紹介します。

2 余暇活動の例

（1）鉄道好きが集まる「鉄友会」

　鉄道好きの仲間が集まる「鉄友会（てつともかい）」は、月1回の定例会の開催と、半年に一度の日帰り旅行を行う会です。1グループの定員が約10名で、現在は6グループあり、参加者の年齢は小学生〜 30代と幅があります。

　毎月の定例会では一人5分程度の持ち時間で、自分の好きな鉄道に関する発表をし、その後、ほかの人たちからの質問を受けます。自分で撮った鉄道の写真を見せたり、鉄道関係の情報を報告したり、発表の仕方はさまざまです。特に発表することがない場合は「今日の発表はありません」とパスすることができます。コロナ禍をきっかけに、

来所からZoomのみの活動となりました。

　まずは、コロナ禍前、来所開催のときの面白いエピソードを紹介します。一人が発表している間、ほかの参加者は時刻表を眺めていたり、鉄道雑誌を開いたり、自分のスマホをいじっていたりしているのですが、発表が終わると、質問が飛び交うのです。一般的には「発表している人のことをしっかり見るように」と言いたくなるかもしれませんが、実は「発表者を見る」ことに集中すると、逆に話が入ってこないという人もいます。「人の話を聞く姿勢」というのは、見た目だけで判断すべきでないことを彼らが教えてくれました。

　一方、Zoom開催のときは、来所の時よりも発表者に集中している人が多いです。それは、話している人が視覚的にわかりやすく、また画面共有等でも着目しやすいという点もあります。チャットによる質問も、口頭での質問よりもわかりやすく、そこからまた会話がひろがり、コミュニケーションをとっています。何よりも、参加者はみな、自分らしく、安心して参加している印象です。

　それぞれの発表が終わった後、残りの時間で、日帰り旅行の相談をします。日帰りで行けそうな場所を各自出し合うのですが、参加者の知識はとても豊富で、感心することばかりです。最終的な行き先等はこちらで決めるのですが、「自分たちの出し合った案で決まった」という合意があるので、反論が出ることはありません。

　右の表は、ある日の日帰り旅行の日程表です。見てわかるとおり、昼食以外は

当日のスケジュール（例）

8:27	品川発　東海道本線快速アクティー熱海行きに乗車
9:52	熱海着
10:16	熱海発　東海道本線島田行きに乗車
10:51	吉原着
11:20	吉原発　岳南電車岳南江尾行に乗車
11:34	岳南富士岡着
	（昼食）
13:02	岳南富士岡発　吉原行きに乗車
13:17	吉原着
13:38	吉原発　東海道本線国府津行き乗車
13:55	沼津（直通：御殿場線　国府津行き）
15:23	松田着
15:34	新松田発　小田急線急行新宿行きに乗車
	適宜　解散

第1章　発達障害とは？

第2章　発達障害の症状とかかわり

第3章　発達障害を取り巻くさまざまな事情

第4章　さまざまな視点による支援

第5章　ライフステージに応じた支援制度

第6章　家族ともつながり合うために

第7章　発達障害のある人への支援事例

ずっと鉄道に乗車しています。観光は一切せず、ひたすら列車に乗っているだけなのですが、先頭車両から見える景色の動画を撮ったり、駅名標の写真を撮ったり、発車メロディやモーター音を聴いたりと、それぞれ違った楽しみ方をしています。人物の写真を撮る人はあまりおらず、集合写真も撮りません。

　ただ、何度か旅を重ねるうちに、変化がみられたことがあります。それは、鉄友会当初の旅では、終始個人で楽しむ姿が多かったのですが、最近の旅では、仲間に声をかけたり、ボックスシートで話し込んだりする姿がみられるようになったことです。参加者の中に、自発的に仲間意識が芽生えていると実感できました。とはいえ、鉄友会の醍醐味は、「自分の好きな鉄道を楽しむこと」であり、「仲間と一緒に活動する」とか「集団で行動する」といったことは、目的とはしていません。そこがまた、参加者の「このままの自分でいいのだ」という自尊心や安心感につながるものだと考えます。

　鉄友会には、保護者の参加も多く、初めのうちは「付き添い」として参加されていましたが、いつしか保護者自身の交流の場にもなり、保護者の余暇にもなっていると感じます。鉄友会の目的は、あくまでも「好きなことを思う存分楽しむ」ことですが、そこから広がることがたくさんあると実感しています。

（２）アニメ・漫画好きが集う「アニメ漫画クラブ」
　ネスト・ジャパンの余暇活動の中には、アニメや漫画が好きな人が集まり、自分の好きなアニメや漫画の発表をする「アニメ漫画クラブ」もあります。こちらも鉄友会と同じく、月１回の定例会を開催しています。

　発足当初、人前で話すことが苦手な参加者に対し、どのようにすれば話しやすいか、どうすれば安心して楽しめるだろうかと、スタッフで検討し、試してみたことがあります。それは、自作のスゴロクです。スゴロクの各マスには、答えやすそうな質問を入れました。まず、アニメ関係の質問、またそれ以外には、自己紹介のようなこと（好きな食べものは何か、血液型は何か等）を入れました。誰もが答えやすく、また相手を知るきっかけにもなり、緊張が解けるかと思ったからです。

　ところが、アニメ関係以外の質問のマスに止まったときの参加者の表情にハッとさせられました。とてもがっかりした表情で答えたり、「なぜこのマスはアニメと関係ない質問なんだろう」とつぶやいたりと、答える意欲がなくなっていったのです。考えてみ

れば当然のことで、これは「話すこと」を目的としたことによる失敗でした。その一方で、参加者に対する理解を深めることができました。それ以降は、各自の持ち時間に好きなアニメの話をするという形になりました。話したいときに話せる、話したくなければ話さなくてよいという保障も、余暇活動の場の大事な要素といえます。

　そんな参加者でしたが、回数を重ねるうちに変化していったことがあります。当初は「とにかく自分の話をしたい」という思いが強かったのですが、途中から「みんなはどんなアニメが好きですか？」と質問したり、「〇〇さんが好きなアニメの話だから喜んでもらえるかと思って」という発表がみられ、意識が他者に向いていくようになったのです。それは、「好きなこと」に徹底的に寄り添った結果であり、あえて目的を「他者理解」としなかったからではないかと考えます。

③ 「ありのまま」でいられる居場所

　ネスト・ジャパンの余暇活動は、これ以外にも「モデルクラフト」「今昔電遊伝（電子ゲームについて語る会）」「NBG！（ネストボードゲーム）」等、一風変わったものが多いのですが、私たちが参加者に「させたい」と思う余暇活動はなく、むしろ黒衣に徹しています。参加当初は不安で自信がなさそうだった参加者が、だんだんと自分の居場所として、心から余暇活動を楽しんでいく過程を一緒に歩ませてもらっています。

　居場所というのは、場所があればいいというものではありません。安心できる、自分らしくいられる、その場所が「居場所」だと考えます。余暇活動を安心して仲間と共有できる居場所が増えることを願っています。

06

実践事例
発達障害のある人の
家族の支援

1 事例１：胸を張って生きていっていただくために

　ある自治体の発達支援機関で仕事をしていたときのことです。自閉性とおそらく知的な遅れがあるであろう２歳の子どもが、お母さまと共に来所しました。お母さまはスーツをビシっと着こなし、子どものことは他人事のように乾いた口調で事実のみを淡々と話しました。その、感情を見せない硬い様子に、筆者はお母さまのこれまでの苦難と深い傷つきを感じました。そこで、何かお母さまが子どもと接するうえでヒントとなるようなものを持ち帰ってもらいたいと思い、ミラリングという技法を伝えることにしました。ミラリングとは、主にまだ言葉をもたない子どもとコミュニケーションの土台を育むために用いる「インリアルアプローチ」の技法の一つで、子どもの行動を、子どもに伝わるように楽しくひたすら真似をするというものです。

　その子どもはまだ言葉がなく、視線もほとんど合わず、呼んでも振り向くことがほぼありませんでした。部屋の中では玩具で遊ぶよりもテーブルの下を四つ這いで潜り抜けることを好んでいましたので、筆者は子どもに伝わるように工夫しながら、ひたすら子どもの後を四つ這いで追いかけてみました。そんなことが20分ほど続いたでしょうか、子どもが真似に気づいて筆者を振り返り、ニヤっと笑ったのです。その子どもの笑顔を見て、お母さまの表情が変わりました。

　筆者はお母さまにミラリングの説明をし、ミラ

第
1
章
発達障害
とは？

第
2
章
発達障害の症状と
かかわり

第
3
章
発達障害を取り巻く
さまざまな事情

第
4
章
さまざまな視点
による支援

第
5
章
ライフステージに
応じた支援制度

第
6
章
家族とも
つながり合うために

第
7
章
発達障害のある人への
支援事例

リングが子どもと大人とのコミュニケーションの土台をつくることを話しました。お母さまは自分もミラリングをやってみますと言って帰っていきましたが、2か月後、豊かな表情で再来所し、「うちでもやってみたら、だんだん視線が合うようになってきました」と報告してくれました。そして、満足そうに「私にもこの子の母親になれると思えるようになりました」とおっしゃったのが印象的でした。

その後、子どもが入園した保育園のコンサルテーションを担当することになった筆者は、言葉ではなかなか理解しづらい子どものために、担任保育者にスケジュールボードの作成をお願いしました。すると、保育者は子どもが感触を好むフェルト布で、とてもわかりやすく美しいスケジュールボードを作成してくれました。その細やかな愛情をお母さまはどれだけ励みにしてこられたことでしょう。園における保護者支援というと、保護者との面談を思い浮かべる保育者が多いですが、まず第一に子どもが保育者や周りの子どもに分け隔てなく大切にされることの重要性は計り知れません。むしろ、面談よりも何よりも、自分の子どもが大事にされているという実感をもってもらうことが保護者との信頼関係の一番重要な点であるということを、筆者は園の保育者の実践から学びました。

② 事例2：保護者を支援するための関係機関連携

ある発達支援機関に勤務していたとき、4歳のASDの診断のある子どもの担当になりました。初めての療育のときにお会いしたお母さまは、保育園で子どもが虐待を受けているとおっしゃったのです。しかし、虐待の具体的な説明を求めても要領を得ず、虐待の跡も見当たりません。虐待はお母さまの思い込みかもしれないと考えた筆者は、お母さまの許可を得て、地域の保健師と当該の保育園に連絡を入れ、至急園を訪問したい旨伝えました。電話の中で園長先生は、最初連携にあまり積極的ではなかったのですが、実はお母さまからこういう話をされたということを筆者がお話しますと、口調が変わり、すぐに訪問の約束が取れました。

当然のことですが、保育園としては寝耳に水の事態であったようです。最初、非常に硬い表情だった園長先生でしたが、筆者が、お母さまのお話を信じて虐待の有無をチェックしに来たわけではないこと、むしろ、お母さまの話はいろいろと聞いていくとかなり根拠に乏しいものであること、お母さまの発言で関係機関同士が疑心暗鬼になる

可能性があると考え、それを予防しに訪問したことを伝えると、少しずつ安心されたようでした。そして、このお母さまはさまざまなことを偏って思い込みがちなのかもしれないこと、それを悪意なく、またあまりその発言の影響の大きさを想定せずに、いろいろな関係者に話してしまう可能性があること、関係機関同士がお母さまの発言に右往左往しないように、今後密な連携を取っていく必要性があることを共通理解しました。

　その後も似たようなことは繰り返されましたが、その都度発達支援機関と保育園とが連絡を取り合い、また、保健師がお母さまと関係機関を強力にバックアップしてくださったこともあって、お母さまの言動に関係機関が振り回されることなく、無事に就学となりました。

　しかし、就学後、学校に申し送りはしていたにもかかわらず、お母さまの言動をきっかけに、地域の商店街で大きなトラブルが起こりました。お母さまの精神的な状態も少しよくない方向にいっていたようでした。そこで、保健師がコーディネーターとなり、関係者会議が開催されました。その後もお母さまからの子どもへの虐待や子どもの家庭内暴力のリスクがありましたが、その都度関係者同士で連絡を取り合い、それぞれの関係者がどのように動けばよいのかを検討する機会を設けることができました。

　保護者と子どもの支援ニーズが複雑かつ重層的であると、関係機関の連携が非常に重要になります。連携は家族と子どもだけではなく、関係者と関係機関も守ります。支援者を相互に守ることも重要であることを学んだ事例でした。

③　事例 3：幼児期の保護者の仲間は一生の仲間に

　筆者はある幼児の発達支援機関で、小グループ療育の担当者でした。担当者が 2 名に対し、子どもの数は 6 名でした。それぞれに発達障害や知的障害のある 2 〜 3 歳の子どもたちでした。保護者と子どもが一緒のグループでしたが、子どもたちがある程度慣れて遊べるようになってくると、15 分程度ですが、子どもたちは子どもたちで遊び、保護者は保護者で話し合う機会がつくれるようになりました。保護者のニーズに応じて、話し合いのテーマはさまざまでしたが、ある日、思いつめたような表情の一人のお母さまが、「ぜひ今日は話をさせてほしい」と話し始めました。

　先日、子どもを連れてスーパーに出かけたときに、子どもが店内でフラフラしているのを見た知らない女性が「この子ちょっとおかしいんじゃない？」と一緒にいた仲間に

大声で言ったというのです。言われた仲間も子どもをみんなで見に来て、「やっぱりなんかおかしいよ」と口々に言い始めました。お母さまはあまりの悔しさに一瞬どうしようかと思ったのですが、子どもを連れて行き、その場で「何も悪いことをしていない子どもをつかまえて、おかしいという人のほうがおかしいんだよ！」と言ってきたのだと涙ながらに話してくれました。それを聞いていたほかのお母さまも筆者も一緒に涙し、そのお母さまの勇気に拍手を送ったのでした。

　発達支援機関に勤めていると、このような心ないことばかけや対応をされた話を、残念ながら嫌というほど聞きます。保護者の方々は、こうした思いを分かち合える仲間、共感して聞いてくれる仲間がそばにいることがとてもありがたかったと言います。それまで、「子どもの障害のことなんて誰にも話せない」と孤独な思いを抱きながらわが子とひっそりと暮らしてきた方々が、子どもの個性や悩み自体は違っていても、とてもわかり合える仲間を得るというのは、どんなサポートよりも本人たちをエンパワメントするようです。

　「自分は一人じゃない」という思いは、前を向くきっかけを与え、またその後に地域や学校で仲間をつくっていくためのエネルギーをつくります。そこから、後に続く保護者の相談役としてのペアレントメンターを引き受けていく人もいれば、仲間と共に地域を変える運動をしていく人もいます。

　ちなみに、スーパーで悔しい思いをしたお母さまと、子どもが小学校5年生のときに、ばったり公園で再会できました。お母さまは筆者のことを覚えてくれていて、「あの頃は、将来どうなるかとお先真っ暗だったけれど、うちの子小学校3年生頃からとってもいい子になったんですよ」と、朗らかに報告してくれました。それはお母さまのおかげですよ、と筆者は心の中でつぶやきました。

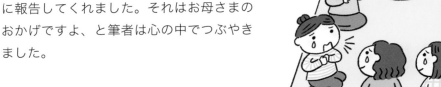

合理的配慮と基礎的環境整備

　発達障害やその他の障害について調べると、「合理的配慮」という言葉を目にする機会があるかもしれません。この言葉は、わが国が2007（平成19）年に署名し、2014（平成26）年に批准した「障害者の権利に関する条約（障害者権利条約）」において、「障害者が他の者との平等を基礎として全ての人権及び基本的自由を享有し、又は行使することを確保するための必要かつ適当な変更及び調整であって、特定の場合において必要とされるものであり、かつ、均衡を失した又は過度の負担を課さないものをいう」と定義されています（第二条　定義）。さらに、2013（平成25）年に公布された「障害を理由とする差別の解消の推進に関する法律（以下、障害者差別解消法）」では、障害を理由とする差別を「不当な差別的取扱い」「合理的配慮の不提供」と定め、国・都道府県・市町村といった行政機関、会社・店などの民間事業者に対して差別をなくすための措置を講じることを義務づけています（事業者の合理的配慮の提供について、現在は「努力義務」となっていますが、2021（令和3）年6月4日の障害者差別解消法の一部改正に伴い、2024（令和6）年4月1日から「義務」となります）。

　では、教育における合理的配慮とはどのようなものでしょうか。文部科学省は「共生社会の形成に向けたインクルーシブ教育システム構築のための特別支援教育の推進（報告）」の中で、合理的配慮を「障害のある子どもが、他の子どもと平等に『教育を受ける権利』を享有・行使することを確保するために、学校の設置者及び学校が必要かつ適当な変更・調整を行うことであり、障害のある子どもに対し、その状況に応じて、学校教育を受ける場合に個別に必要とされるもの」であり、「学校の設置者及び学校に対して、体制面、財政面において、均衡を失した又は過度の負担を課さないもの」と定義しています。この定義と併せて、合理的配慮の基礎となる「基礎的環境整備」についても記されています。基礎的環境整備とは、障害のある子どもに対する支援について、法令に基づき又は財政措置により、国は全国規模で、都道府県は各都道

府県内で、市町村は各市町村内で、それぞれ行う教育環境の整備のことです。そして、「合理的配慮」の充実を図る上で、「基礎的環境整備」の充実は欠かせないものであると明記しています。

　合理的配慮や基礎的環境整備に関する公的な定義は、行政機関や民間事業者を対象としていますので、自分には関係が薄いのではないかと感じる人もいるかもしれませんが、差別をなくしていくことはすべての人に求められる責務でもあります。すなわち、この合理的配慮と基礎的環境整備の考え方を、支援や生活のさまざまな場に当てはめて考えていくことが大切です。大まかに言えば、合理的配慮は「その子に応じた調整」であり、基礎的環境整備は「その土台のすべて」となります。居心地のよい場や魅力的な活動、わかりやすい環境や説明、周囲の大人の寛容さやはたらきかけ、幅のある時間設定…などは、発達障害のある子どもだけに特化した調整というよりは、全体にかかわるものであり、基礎的環境整備として捉えることができそうです。そして、基礎的環境整備がより豊かに保障されている場では、個人に応じた調整（＝合理的配慮）は小さくなり、その逆では大きくなると考えられます。

第1章　発達障害とは？

第2章　発達障害の症状とかかわり

第3章　発達障害を取り巻くさまざまな事情

第4章　さまざまな視点による支援

第5章　ライフステージに応じた支援制度

第6章　家族ともつながり合うために

第7章　発達障害のある人への支援事例

第 7 章参考文献

- 市川奈緒子・岡本仁美編著『発達が気になる子どもの療育・発達支援入門　目の前の子どもから学べる専門家を目指して』金子書房、2018.
- 外務省「障害者の権利に関する条約（略称：障害者権利条約）」https://www.mofa.go.jp/mofaj/gaiko/jinken/index_shogaisha.html
- 内閣府「障害を理由とする差別の解消の推進」https://www8.cao.go.jp/shougai/suishin/sabekai.html
- 文部科学省「共生社会の形成に向けたインクルーシブ教育システム構築のための特別支援教育の推進（報告）」2012. https://www.mext.go.jp/b_menu/shingi/chukyo/chukyo3/044/houkoku/1321667.htm
- 佐藤愼二『実践　通常学級ユニバーサルデザインⅡ　授業づくりのポイントと保護者との連携』東洋館出版社、2015.
- 佐藤愼二『植草学園ブックス特別支援シリーズ6 幼稚園・保育所・小学校の先生必携！　「気になる」子ども 保護者にどう伝える？』ジアース教育新社、2017.
- 長野佳子「子どもの興味に寄り添い自尊心を高める余暇活動」『実践障害児教育』2019年4月号、2019.
- 柘植雅義監修（シリーズ監修）、中川信子編著『発達障害の子を育てる親の気持ちと向き合う（ハンディシリーズ　発達障害支援・特別支援教育ナビ）』金子書房、2017.

索引

著者一覧

[編著者]

広瀬 由紀（ひろせ・ゆき）······ 第2章01〜06／第4章12〜18／第7章02・コラム
共立女子大学家政学部児童学科 准教授

[著者（執筆順）]

真鍋 健（まなべ・けん）······ 第1章
千葉大学教育学部 准教授

佐藤 愼二（さとう・しんじ）······ 第2章07〜09・コラム／第5章11〜14・コラム／第7章03
植草学園短期大学こども未来学科 特別教授

関 正樹（せき・まさき）······ 第3章／第4章01〜06
医療法人仁誠会大湫病院 児童精神科医

市川 奈緒子（いちかわ・なおこ）······ 第4章07〜11／第6章／第7章06
渋谷区子ども発達相談センター チーフアドバイザー

長野 佳子（ながの・けいこ）······ 第4章コラム／第5章15〜18／第7章05
特定非営利活動法人ネスト・ジャパン 支援スタッフ

岡本 明博（おかもと・あきひろ）······ 第5章01〜05／第7章04
十文字学園女子大学教育人文学部児童教育学科 教授

岡本 仁美（おかもと・ひとみ）······ 第5章06〜10／第7章01
浦和大学こども学部こども学科 准教授

図解でわかる発達障害

2024年3月20日　初版発行
2024年7月1日　初版第2刷発行

編著者	広瀬由紀
発行者	荘村明彦
発行所	中央法規出版株式会社
	〒110-0016　東京都台東区台東3-29-1　中央法規ビル
	Tel 03(6387)3196
	https://www.chuohoki.co.jp/

印刷・製本	株式会社ルナテック
装幀デザイン	二ノ宮匡（ニクスインク）
本文・DTP	ホリウチミホ（ニクスインク）
装幀イラスト	大野文彰
本文イラスト	タナカユリ

ISBN978-4-8243-0003-4

見てわかる　読んでナットク！　図解シリーズ

好評既刊

二本柳 覚 編著
2022年5月刊行
定価　本体2,200円（税別）
ISBN978-4-8058-8712-7

須藤昌寛 著
2022年6月刊行
定価　本体2,200円（税別）
ISBN 978-4-8058-8715-8

植田俊幸・田村綾子 著
2022年7月刊行
定価　本体2,200円（税別）
ISBN 978-4-8058-8737-0

石原哲郎 編著
2023年10月刊行
定価　本体2,200円（税別）
ISBN 978-4-8058-8954-1

二本柳 覚 編著
2023年11月刊行
定価　本体2,200円（税別）
ISBN 978-4-8058-8951-0

鈴木孝典・鈴木裕介 編著
2023年11月刊行
定価　本体2,200円（税別）
ISBN 978-4-8058-8958-9

井上嘉孝 編著
2023年11月刊行
定価　本体2,200円（税別）
ISBN 978-4-8058-8959-6

菊本圭一 編著
2023年12月刊行
定価　本体2,200円（税別）
ISBN 978-4-8058-8968-8

岩崎 香 編著
2024年1月刊行
定価　本体2,200円（税別）
ISBN 978-4-8058-8987-9

続刊予定　　[2024年8月刊行予定]　●図解でわかる介護保険サービス